KB138099

메타
인지
수업

메타
인지
수업

초판 1쇄 발행 2021년 10월 21일
초판 2쇄 발행 2022년 12월 1일

지은이 이성일

발행인 장상진
발행처 (주)경향비피
등록번호 제2012-000228호
등록일자 2012년 7월 2일

주소 서울시 영등포구 양평동 2가 37-1번지 동아프라임밸리 507-508호
전화 1644-5613 | **팩스** 02) 304-5613

ⓒ이성일

ISBN 978-89-6952-478-2 03370

메타인지 수업

공부 효율과
학습 능력을 높이는

이성일 지음

경향BP

AI가 우리의 삶에 깊숙이 들어와 있는 4차 산업혁명은 이제 시대의 키워드가 됐다. 그런데 이 과정에서 왜 우리는 머신러닝(학습)이라는 말은 쓰는데 머신교육이라는 말은 쓰지 않을까? 그 이유는 스스로 깨우치기 때문이다.

새로운 시대는 단순히 아는 자가 모르는 자를 교육시키는 시대를 넘어서 모르는 사람이 스스로 학습할 수 있는 환경의 설계가 그 무엇보다도 중요하다. 왜냐하면 그것이 바로 수많은 변수가 존재하는 현대 사회에서 우리 아이들이 가져야 하는 핵심 역량이기 때문이다.

시험을 아무리 잘 봐도, 스펙이 아무리 좋아도 세상의 눈으로 보면 별다른 역할을 부여할 수 없는 사람이 많다. 그렇다면 어떻게 해야 할까?

인지심리학자들은 "입력보다 출력이다!"라고 이야기한다. 그렇다. 우리 아이들은 출력해야 한다. 설명하고, 질문하고, 대화해야 하며, 또 스스로 테스트해 보면서 출력해야 한다. 그래야 능동적으로 학습해서 교육받은 인간을 이기는 AI가 할 수 없는 일을 해내는 인재가 된다.

이성일 선생님은 바로 그 점에서 메타인지가 왜 학교 교육의 중심이 되어야 하는가를 정확히 이해하고 있는 교육자이자 학습 설계자이다.

우리 아이들은 피교육의 대상이 아닌 학습의 주체가 되어야 한다는 것을 그 누구보다도 절실히 이해하고, 나아가 그 방법을 아이들 곁에서 끊임없이 검증해 본 사람만이 이런 책을 만들어 낼 수 있다.

김경일 (인지심리학자,『지혜의 심리학』저자)

머리말

　최근 메타인지가 교육계의 화두이다. 일반 학생과 상위 0.1% 학생의 차이는 기억력이나 다른 환경이 아닌 메타인지 능력 차이 때문이라는 사실이 알려지면서부터이다. 이 책은 메타인지가 학업 능력을 향상시킨다면 "수업 시간에 메타인지를 높이는 방법은 없을까?"라는 질문에서 비롯하였다.

　이미 하브루타 수업 방법과 공부법에 관한 책을 여러 권 낸 필자는 질문하고 토론하는 하브루타가 메타인지 능력을 키우는 공부법임을 깨달았다. 학생들이 수업 시간에 질문 만들기와 친구 가르치기 활동을 하면서 흥미와 집중력이 높아지고, 수업에서 한 활동을 자신의 공부법으로 정착시켜 성적이 오르는 학생을 보아 왔다.

　메타인지에 대해 좀 더 자세히 알고 싶어 인지심리학과 뇌 과학 책을 두루 섭렵했다. 놀이를 수업에 활용하는 방법도 연구했다. 이를 통해 메타인지를 수업 활동으로 끌어들일 수 있는 다양한 방법을 알게 되었고, 일부는 스스로 개발하여 수업에 적용했다. 다음과 같은 이유로 메타인지를 높이는 수업 활동은 학생들의 효율적인 공부를 돕고, 최근 확산하고 있는 학생 참여 수업의 질을 높인다.

첫째, 수업 시간에 복습이 저절로 이루어진다. 우리 공부의 문제는 수업과 복습이 별개의 활동이라는 점이다. 학생은 수업 시간에는 듣기만 하고, 따로 시간을 내어 복습한다. 수업 시간에 설명을 듣는 것은 이해를 위해 꼭 필요하다. 하지만 들은 내용은 얼마 지나지 않아 잊는다. 학생들은 평소에 학교나 학원에서 듣는 공부를 하다가 시험 기간에 집중해서 복습하는 경우가 많다. 결국 수업 시간에 배운 내용이 대부분 기억에서 사라진 상태에서 혼자 다시 시험공부를 하게 된다. 당연히 비효율적이다. 메타인지 수업은 수업 시간에 배운 내용을 잊기 전에 복습하고 테스트한다. 따라서 오래 기억하게 한다.

둘째, 학생 참여 수업의 질을 높인다. 최근 교사들은 다양한 방법으로 학생들을 수업에 참여시킨다. 그런데 수업이 활발하고 아이들이 즐거워하지만 막상 배움이 제대로 이루어지고 있는지에 대해 의문을 가지는 교사가 많다. 메타인지를 높이는 수업은 배운 내용을 인출하거나 활용하는 활동으로 이루어진다. 이를 통해서 배운 지식을 탄탄하게 하고, 모르는 내용을 알게 한다. 따라서 활동이 바로 기억으로 연결되고, 지식을 바탕으로 문제 해결력을 키운다.

우리나라는 교육열이 높다. 학생들의 공부 시간도 OECD에서 가장 많다. 하지만 교육에 대한 흥미는 가장 낮고, 효율성도 떨어진다. 그 이유 중의 하나가 제대로 된 공부법에 대해 모르기 때문이다. 대부분의 교사는 열심히 공부하라는 말은 많이 한다. 하지만 어떻게 하면 공부를 더 잘할 수 있는지에 대한 설명은 거의 하지 않는다.

학생들은 공부 내용을 아는 것보다 공부 방법을 아는 것이 더 유익하다. 그것이 장기적으로 학업 역량을 높일 수 있다. 물론 열심히 그리고 오랜 시간 공부하는 것은 필요하다. 하지만 제대로 된 방법으로 공부하지 않으면 막상 시험 시간에 헷갈리거나 아예 기억나지 않을 수 있다.

운동선수가 단순히 많은 시간의 훈련으로만 최고 선수가 되기는 어렵다. 오히려 잘못된 훈련은 몸을 망가뜨릴 뿐이다. 골프에서 제대로 된 스윙 자세는 공을 더 멀리, 더 정확히 날아가게 한다. 육상 선수가 제대로 된 자세로 뛸 때 더 빨리, 더 오래 뛸 수 있다. 마찬가지로 올바른 공부 방법은 더 집중하게 하고, 더 잘하게 한다.

사회학자 엄기호는 『공부 공부』에서 한 가지 기술로 평생을 살 수 없는 시대에 '배움의 기술'을 강조한다. 그래서 '공부한 사람'에서 '공부하는 사람'으로, 더 나아가 '공부할 줄 아는 사람'이 되어야 한다고 말한다. 급변하는 사회에서는 컴퓨터가 알고 있는 지식보다 학생들에게 '학습하는 방법을 알게 하는 것(Learn How To Learn)'을 가르쳐야 한다. 따라서 교사가 먼저 메타인지에 대해 알아야 한다. 그리고 수업에 적용해야 한다.

수업은 배우는 것이다. 교사는 가르치는 직업인 동시에 평생 배워야 하는 직업이다. 가르칠 내용에 대한 배움도 필요하지만, 가르치는 방법에 대해서도 배워야 한다. 이 책은 인지심리학과 뇌 과학의 연구 결과를 바탕으로 기억이 어떻게 이루어지는가를 분석하고, 이를 수업에 적용했다. 따라서 교사는 학생들이 수업 시간에 메타인지를 높이는 방법을 배울 수 있다. 이를 통해 교사는 학생들이 수업 내용을 오래 기억하고, 배운 지식을 끄집어내어 문제를 해결하게 하는 수준 높은 학생 참여 수업을 할 수 있다. 이 책을 읽고 있는 교사라면 이미 배움의 자세를 가졌다고 볼 수 있다.

　열심히 강의하는 것으로 교사의 본분을 다했다고 만족한다면, 그것은 잘못된 방법으로 열심히 공부하는 학생과 다를 바 없다. 학생들에게 열심히만 하라고 할 것이 아니라 제대로 된 공부법을 안내해야 한다. 그리고 자신의 수업 시간에 그것을 적용하고, 아이들이 습관처럼 익히게 해야 한다. 이 책이 이런 수업을 원하는 교사에게 나침반이 되기를 바란다.

　배움을 즐기는 달란트를 주신 하나님께 감사드린다. 또한 다양한 수업 사례를 제공해 주어서 필자의 부족한 부분을 채워 준, 곽수원, 김기현, 정창규, 송정열, 조선화, 김정민, 김혜영, 최미진, 최인호 선생님께 감사드린다.

이성일

Chapter 1
메타인지와 수업

Chapter 2
메타인지를 높이는 수업 활동

프로젝트 수업 • 271

Chapter 1

메타인지와 수업

01
왜 메타인지인가?

당신이 당신의 무지를 아는 것보다
나는 나의 무지를 잘 안다.
- 리처드 솔 워먼(Richard Saul Wurman, TED 설립자)

상위 0.1%의 비밀

EBS「상위 0.1%의 비밀」에서는 60만 명의 고등학생 중 상위 800명의 비결을 파악하기 위해 일반 학생 700명과 IQ, 기억력, 연산력, 부모의 학력과 소득, 사는 지역, 특목고 여부 등 다양한 비교 조사를 했다. 그런데 제작진은 의미 있는 차이점을 발견하지 못했다. 이때 인지심리학자 김경일 교수가 제시한 것이 메타인지 차이였다.

0.1%와 일반 학생을 대상으로 기억력과 메타인지를 함께 테스트한 결과 일반 학생과 0.1% 학생의 기억력은 비슷했지만, 자신이 기억한 단어 수를 예측하는 테스트에서 확연히 차이가 났다. 0.1% 학생은 일반 학생보다 자기가 아는 것과 모르는 것을 정확히 아는 메타인지 능력

이 뛰어난 것이다.

이후 제작진이 0.1% 학생의 공부를 관찰한 결과 그들은 설명하는 공부를 많이 하고 있었다. 어머니를 앉혀 놓고 수업하듯이 칠판에 적으면서 설명하는 학생, 쉬는 시간에 친구들의 질문에 설명하는 학생이 대표적이다. 그들은 설명하면서 내용이 정리되고, 제대로 몰랐던 부분을 알게 된다고 한다. 0.1% 학생들은 이저럼 설명하는 공부를 통해 메타인지를 높였던 것이다.

유대인과 메타인지

유대인은 200명의 노벨상 수상자를 배출할 정도로 학문 성과가 높다. 유대인인 에디슨, 프로이트, 마르크스, 아인슈타인 등은 인류 변화의 중심에 있었다. 또한 구글과 페이스북을 창업해서 4차 산업혁명 시대를 선도하고 있다. 필자는 하브루타 수업을 하면서 자연스럽게 메타인지에 대해 관심을 갖게 되었다. 특히 『하브루타 4단계 공부법』을 집필하면서 유대인 공부의 특징인 질문과 토론이 인지심리학에서 강조하는 메타인지를 높이는 공부임을 깨닫게 되었다.

우리와 유대인의 토론은 다르다. 우리는 토론에서 상반된 두 입장을 가진 사람이 서로 상대를 설득하거나, 자기 입장이 우위에 있음을 입증한다. 그에 비해 유대인 토론은 『탈무드』를 읽고 질문을 만들어 서로의 생각을 나눈다. 우리 토론은 승패가 있지만, 유대인 토론은 패자가 없고 서로에게 배운다. 왜냐하면 생각은 나눌수록 더 커지기 때문이다. 자기 생각을 남에게 준다고 해도 줄어들지 않는다. 오히려 상대의 생각을 들으면서 자기 생각이 더 커진다.

질문은 생각하게 하는 최고의 방법이다. 질문하기 위해서는 능동적으로 책을 읽어야 하고, 비판적 시각이 필요하다. 질문은 알고자 하는 의지이며, 모든 학문의 출발점이다. 또한 올바른 질문은 해결 방안을 끌어내고, 지식을 삶과 연결한다.

하브루타의 특징인 질문과 토론은 모두 기존 지식을 바탕으로 생각을 끄집어내는 활동이다. 질문은 배운 내용에서 의문점을 끌어내고, 토론은 지식을 활용하여 논리를 전개하기 때문이다.

상위 0.1%와 하브루타의 공통점

대한민국 상위 0.1% 우등생의 공부와 유대인 하브루타의 공통점은 메타인지 능력을 높이는 공부를 한다는 것이다. 상위 0.1% 학생의 설명하는 공부와 유대인의 질문과 토론은 모두 지식을 인출(引出)하는 활동이다. 인지심리학자들은 한결같이 성공적인 학습을 위해서는 단순 반복보다 공부한 내용을 기억에서 끄집어내는 인출이 효과적이라고 말한다. 이렇게 인출하는 공부는 기억을 강화한다. 그리고 제대로 알지 못하는 것을 알게 하여 메타인지 능력을 높인다.

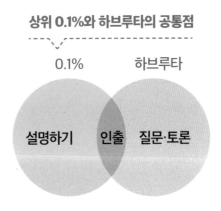

상위 0.1%와 하브루타의 공통점

메타인지의 핵심은 자기 능력을 제대로 안다는 것이다. 자신에 대한 객관적인 평가는 자신의 부족한 점을 알게 한다. 그리고 이를 개선하기 위해 노력하게 된다. 이를 바탕으로 효과적인 학습 전략을 세운다. 목표를 달성할 수 있는 계획을 세우고, 스스로 조절하여 적절한 방법으로 실천하여 목표에 도달하게 된다. 따라서 메타인지가 뛰어나면 성적뿐만 아니라 인생 전반에서 자기주도적인 삶을 살게 되는 것이다. 지금부터 메타인지가 무엇인지, 왜 중요한지, 어떻게 높이는지에 대해 알아보겠다.

1. 메타인지란 무엇인가?
2. 메타인지가 왜 중요한가?
3. 어떻게 메타인지를 높일 것인가?

01 메타인지란 무엇인가?

메타인지의 두 요소

국어사전에서는 메타인지를 '자신의 인지 과정에 대해 생각하여 자신이 아는 것과 모르는 것을 자각하는 것과 스스로 문제점을 찾아내고 해결하며 자신의 학습 과정을 조절할 줄 아는 지능과 관련된 인식'이라고 정의한다. 인지심리학자 리사 손(Lisa Son) 교수는 『메타인지 학습법』에서 메타인지 전략의 핵심으로 모니터링과 컨트롤 능력을 제시한다. 메타인지가 뛰어나다는 것은 이 2가지 능력이 서로 균형을 이룬다는 것을 의미한다.

첫째, 자기 평가 능력(monitoring)이다. 이것은 자신이 아는 것과 모르는 것을 자각하는 것으로, 자신을 객관적으로 보는 단계이다. 운동선수는 자기 실력을 알아야 시합에 임할 수 있고, 자신의 장단점을 알아야 기량이 증가한다. 마찬가지로 학생은 자신이 모르는 것을 알아야 알기 위한 노력을 할 수 있고, 제대로 된 공부를 할 수 있다.

둘째, 자기 조절 능력(control)이다. 이것은 스스로 문제점을 찾아내고 해결하며, 자신의 학습 과정을 조절하는 단계이다. 운동선수는 시합을 앞두고 작전을 짜고 훈련을 하면서, 단점을 보완하고 장점을 높인다. 공부도 시험을 앞두고 기간과 분량을 계산하여 알맞은 계획을 세우고, 실천 과정에서 문제점을 찾아내고, 해결하며 자신의 학습 과정을 조절

할 수 있어야 한다.

메타인지의 두 요소

자기 평가 능력	자기 조절 능력
· 모니터링 · 자기 객관화	· 컨트롤 · 계획, 실천, 조절

인지심리학에서 메타인지란 인지에 대한 인지, 생각에 대한 생각이다. 메타(meta)는 '~을 넘어서' 또는 '초월하다'는 뜻이다. 인지(cognition)는 어떤 사실을 알고 있다는 의미이다. 이는 자기 안에 자신을 보는 거울을 가진 것이다. 또한 자신을 객관화하여 바라볼 수 있는 안경을 가진 것이다.

메타인지 단어를 처음 사용한 발달심리학자인 존 플라벨(J. H. Flavell)은 다음과 같이 설명했다.

"메타인지는 한 인간 고유의 인지 과정뿐만 아니라 그와 관련된 것들에 대한 지식을 가리킨다. 내가 A를 학습할 때 B를 학습할 때보다 더 어려움을 느낀다는 걸 알아챘다거나, C를 사실로 받아들이기 전에 다시한 번 확인해 봐야겠다는 생각이 번뜩 떠오른다면, 바로 그때 나는 메타인지에 맞닥뜨리는 것이다."

과학 칼럼니스트 데이비드 디살보(David DiSalvo)는 『나는 결심하지만 뇌는 비웃는다』에서 다음과 같이 메타인지를 설명한다.

"정상적인 사고 과정을 넘어서서 우리가 왜 그런 생각을 하게 되는지 생각하는 능력은, 뇌가 진화를 거치면서 얻게 된 경이로운 능력이다.

인간의 뇌 중에서도 가장 최근에 발달한 전전두엽 피질 덕분에, 우리는 자신을 돌아보고 추상적 사고를 할 수 있는 능력을 갖추게 되었다. 우리는 마치 다른 사람을 생각하듯이 우리 자신을 객관화할 수 있다."

인류의 스승과 메타인지

메타인지라는 용어는 비록 1970년대에 처음 사용되었지만, 인류에게 위대한 가르침을 준 스승들은 이미 오래전부터 메타인지의 중요성을 잘 알고 강조했다.

소크라테스는 "너 자신을 알라."는 말을 통해 당시 아테네에서 젊은 이들에게 잘못된 지식을 가르치던 소피스트들을 일깨웠다. 그는 다음과 같이 말했다.

"그들과 나는 아름다움이나 선(善)에 대해 사실상 모르고 있다. 하지만 나는 그 사람보다는 현명하다. 왜냐하면 그들은 아무것도 모르면서 알고 있다고 생각하지만, 나는 내가 모른다는 것을 알고 있기 때문이다."

이는 무지를 아는 것이 곧 앎의 시작이라는 것이다. 그리고 참된 앎은 실천으로 이어진다는 지행합일과 연결된다.

공자는 『논어』에서 "아는 것을 안다고 하고, 모르는 것을 모른다고 하는 것이 곧 아는 것이다. (知之爲知之, 不知爲不知, 是知也)"라고 말했다.

동서고금의 책에서 이처럼 메타인지를 명확히 설명한 것을 본 적이 없다. 2,500년 전에 메타인지를 이렇게 정확히 설명했다는 사실이 놀랍다. 모르는 것은 잘못이 아니다. 하지만 모르면서 안다고 생각하면 잘못된 것이며, 모르면서 알려고 하지 않는 것도 역시 잘못이다. 결국 모른다는 사실을 아는 '부지(不知)의 지(知)'가 바로 배움의 출발점이라는 뜻이다.

『손자병법』「모공(謀攻)」편의 "적을 알고 나를 알면 백 번 싸워도 위태롭지 않다.(知彼知己, 百戰不殆)"도 메타인지에 관한 이야기이다.

여기서 지기(知己)는 자기 객관화 능력이다. 이어서 적을 알지 못하고 나를 알면 한 번 이기고 한 번 진다. 적도 모르고 나도 모르면 싸울 때마다 반드시 위태롭다고 말한다. 적(敵)을 목표로 바꾸어 대입할 수 있다. 내가 달성해야 할 목표를 알고 나의 역량을 안다면 성취할 수 있다는 것이다. 공부도 마찬가지이다. 공부 목표를 알고 자기 능력을 알면 제대로 된 공부를 할 수 있다.

『성경』에 나오는 다음 구절도 자기 자신을 제대로 모르는 사람을 일깨운다.

"어찌하여 형제의 눈 속에 있는 티는 보고 네 눈 속에 있는 들보는 깨닫지 못하느냐. 보라 네 눈 속에 들보가 있는데 어찌하여 형제에게 말하기를 나로 네 눈 속에 있는 티를 빼게 하라 하겠느냐. 외식하는 자여 먼저 네 눈 속에서 들보를 빼어라. 그 후에야 밝히 보고 형제의 눈 속에서 티를 빼리라."

예수는 자신의 큰 잘못은 모른 채 타인의 작은 잘못을 비방하는 사람을 비유를 통해서 일깨운 것이다.

기억의 세 종류

메타인지란 자신이 아는 것과 모르는 것을 구분하는 능력이다. 이를 통해서 아는 것은 넘어가고, 모르는 부분에 집중할 수 있다. 공부는 모르는 것을 알아 가는 과정이다. 그런데 많은 학생이 아는 것을 다시 반복하고, 모르는 것은 그냥 넘어가는 공부를 한다. 자신이 무엇을 아는지 모르는지를 정확히 모르기 때문이다.

공부를 지식으로 빈방을 채우는 것으로 비유할 수 있다. 공부한 직후에는 방금 공부한 지식으로 빈방이 가득 차 있다. 하지만 시간이 지나면 방에 여러 공간이 생긴다. 기억의 망각 때문이다. 메타인지가 뛰어난 사람은 새롭게 생긴 이 공간을 정확히 알고 적절한 방법으로 다시 채운다. 하지만 메타인지가 떨어지는 사람은 어디가 빈 곳인지를 모른다. 그래서 채워진 부분을 다시 반복하여 채우느라고 시간을 낭비하거나, 망각한 공간을 그대로 둔 상태에서 시험을 치게 된다.

시험은 공부해서 기억한 내용을 끄집어내어 정답을 맞히거나, 서술하는 활동이다. 따라서 공부를 잘한다는 것은 잘 기억한다는 것이고, 이를 제대로 끄집어낸다는 것이다. 메타인지에 대해 알기 위해서는 기억에 대해 먼저 알아야 한다. 기억에는 다음과 같은 3가지 종류가 있다.

첫째, 감각 기억이다. 이는 감각 기관을 통해 들어온 것을 뇌에서 순간적으로 알아차리는 기억이다. 눈으로 본 것, 냄새 맡은 것, 귀로 들은 소리 등을 알아차리는 단계이다. 감각으로 들어온 기억은 대부분 기억하기 위해 의식적인 노력을 하지 않는다. 따라서 아주 순간적으로 알아차리는 정도의 짧은 기억이며, 수 초 이내에 기억에서 사라진다.

둘째, 단기 기억이다. 이는 짧은 시간 동안 뇌에 저장되는 기억이다. 김각 기관을 통해 들어온 기억은 대부분 곧 사라진다. 하지만 기억하기 위해 집중과 같은 의식적인 노력을 하면 그것은 단기 기억이 된다. 하지만 단기 기억도 일정 시간이 지나면 잊히게 된다. 따라서 단기 기억은 밤샘 벼락치기 등 일부 학교 시험 등에는 효과가 있을 때도 있지만, 수능이나 공무원 시험 등 분량이 많고 오랫동안 공부한 내용이 누적되는 시험에는 효과가 거의 없다.

셋째, 장기 기억이다. 이는 거의 잊히지 않고 오랫동안 저장되는 기억이다. 사람들은 대부분 반복 암기를 통해 정보를 장기 기억으로 보낸다. 하지만 단순 반복보다 훨씬 효과적인 방법은 메타인지 훈련을 하는 것이다. 즉 자신이 제대로 공부했는지를 스스로 테스트하는 것이다. 테스트를 위해 기억에서 인출하는 과정이 기억 강화에 도움이 된다. 또한 제대로 알지 못한 정보를 알아차리게 된다. 이런 과정을 통해 단기 기억을 장기 기억으로 옮기는 매개체가 바로 메타인지이다.

전교 1등은 알고 있는 공부에 대한 공부

KBS 시사기획 창「전교 1등은 알고 있는 공부에 대한 공부」에서 학교 성적과 메타인지의 관련성에 대한 내용을 방송했다. 주요 내용은 다음과 같다.

가천의대 뇌과학연구소에서 fMRI(기능적자기공명영상)로 학생들의 뇌를 3차원으로 촬영한 결과 성적이 높은 학생일수록 전전두엽의 회백질이 두껍게 나타났다. 회백질이 두껍다는 것은 신경세포가 많아 그 영역이 활성화되어 있다는 의미이다.

이는 뉴욕대학교 신경과학센터 스티븐 플레밍 박사가 2010년『사이언스』지에 발표한 논문「뇌구조와 자기성찰능력」결과와 일치한다. 논문에 따르면 자신이 아는지 모르는지 성찰하는 메타인지 능력이 높은 사람이 전전두엽 피질 부분에 회백질이 더 많았다. 즉 메타인지 능력의 차이가 뇌구조와 관련이 있음을 밝힌 것이다.

네덜란드 라이덴대학교 베엔만 교수에 따르면 메타인지가 IQ보다 성적을 더 잘 예측하는 변수이다. IQ는 성적을 25% 설명하지만, 메타인지는 40% 설명한다. 희망적인 것은 IQ는 인위적으로 올리기 어렵지만, 메타인지는 적절한 훈련을 통해 향상할 수 있다.

컬럼비아대학교 심리학과 리사 손 교수와 아주대 심리학과 팀이 공동으로 인천 하늘고 학생들을 대상으로 실험을 했다. 이는 같은 학생이 같은 난이도로 공부한 경우 어떤 공부 방법이 좋은 점수를 받는지 알아보는 실험이었다.

컴퓨터 화면에 서로 상관없는 두 단어가 들어 있는 50개를 보여 준 후 외우게 했다. 각 5초 동안 단어 쌍을 읽고 외우게 한 뒤, 한 번은 재학습, 즉 반복해서 다시 읽기를 하고, 또 한 번은 퀴즈를 풀 듯이 셀프 테스트를 하게 했다.

제작진은 최종적으로 시험을 보기 전에 자신이 몇 점을 받을 것인지 예상 점수를 적게 했다. 실험 결과, 학생들의 예상 점수는 재학습했을 때가 높았지만, 실제 점수는 셀프 테스트가 10점이나 높았다. 즉 재학습을 한 경우 자기 실력보다 점수가 높을 것이라는 착각을 하고 있었다. 하지만 셀프 테스트는 자신이 아는지 모르는지를 확인하는 메타인지 과정을 거치기 때문에 이것만으로 10점의 성적 상승 효과가 있었다.

대부분의 학생은 공부법으로 셀프 테스트보다 재학습(반복)을 선호했다. 리사 손 교수에 따르면, 학생들이 셀프 테스트를 싫어하는 이유는 그 과정에서 틀리면 받을 스트레스 때문이다. 하지만 이런 스트레스를 통해 무엇이 부족한지, 무엇을 해야 할지를 알게 된다. 재학습을 선호하는 이유는 읽었던 것을 또 읽으면 알고 있다는 착각이 생겨서 기분이 좋아지기 때문이다. 하지만 쉽게 공부한 것은 쉽게 잊어버린다. 반면에 힘들게 공부하면 훨씬 오래간다. 셀프 테스트보다 재학습을 선호하는 것은 자신의 공부를 바라보는 메타인지 능력이 부족하기 때문이다.

전교 1등 강수완 군은 수업 시간에 연필로 필기한 내용을 자습 시간에 공부한 후 지우개로 지웠다. 그리고 지운 내용을 자신이 이해한 말로 옮겨 썼다. 이 과정을 통해 수업 시간에 이해했다고 생각했는데 놓치는 부분을 발견하고, 이를 다시 정리했다. 리사 손 교수는 이것이 바로 셀프 테스트라고 말했다.

공신들의 공통점 - 셀프 테스트

방송을 통해 메타인지 능력이 성적에 영향을 미치는 가장 중요한 요소 중의 하나임이 알려지면서 많은 사람이 메타인지에 관심을 갖게 되었다. 필자는『하브루타 4단계 공부법』을 집필하면서 우리나라 공신들의 공부법에 대한 책을 두루 읽었다. 공신들은 각자 자신에게 맞는 다양한 공부법을 가지고 있었다. 그런데 모든 공신의 공부법에는 한 가지 공통점이 있었다. 그것은 제대로 공부했는가를 스스로 확인한다는 것이다. 이른바 셀프 테스트이다. 이를 통해 제대로 모르는 내용은 보완했다. 즉 공신들의 가장 핵심적인 역량은 재능도, 기억력도 아닌 메타인지 능력이었다.

비록 공신 중 누구도 메타인지라는 용어를 쓰지는 않았지만, 그들은 반드시 자신이 공부한 내용을 제대로 알고 있는지를 확인하는 과정을 거쳤다. 일반 학생들의 공부가 대부분 이해(강의 듣기, 읽기)와 암기(반복) 과정이라면, 그들은 제대로 이해했는지, 제대로 암기했는지를 스스로 테스트하는 것을 공부에 포함했다. 설명하기, 백지 복습법, 질문하기 등이 대표적인 셀프 테스트 방법이다.

메타인지는 자신을 객관적으로 보는 능력이며, 이를 통해 자신의 장단점을 알고, 부족한 점을 보완하게 한다. 이는 자신의 삶을 성찰하게 한다. 무엇보다 올바른 공부법에 대한 성찰은 효율적이고 성공적인 공부로 다가가게 한다. 이러한 메타인지에 대해 교사가 정확히 알아야 한다. 그래야 학생들에게 올바른 공부법을 지도하고, 메타인지를 높이는 수업 전략을 세울 수 있다.

03 어떻게 메타인지를 높일 것인가?

고수들의 공통점 - 메타인지 훈련

메타인지를 높이기 위해서는 우리가 어떤 방식으로 기억하는가, 어떻게 하면 잘 배우는가를 알아야 한다. 공부뿐 아니라 바둑이나 스포츠, 컴퓨터 게임 등에서 고수들은 메타인지를 높이는 훈련을 반드시 한다. 메타인지가 뛰어나면 자신이 부족한 부분을 정확히 알고, 이를 보완할 수 있기 때문이다.

자신의 실수나 잘못을 다시 보면서 확인하는 것은 쉬운 일이 아니다. 그럼에도 불구하고 각 분야의 유명한 선수들은 그것을 통해 자신의 잘못을 직면하고, 고쳐서 결국은 성장한다. 축구 선수가 자신의 경기 장면을 녹화한 비디오를 보면서 실점 장면을 분석하여 다음 경기에 같은 잘못을 반복하지 않는 것, 프로게이머가 자신의 게임 장면을 보고 전략을 수립하는 것이 모두 메타인지를 높이는 활동이다.

바둑에서는 복기(復碁)가 메타인지를 높이는 훈련이다. 복기란 바둑을 두고 난 후, 처음부터 두었던 대로 다시 놓아 보는 것을 말한다. 이를 통해 자신의 잘못한 점을 알고 다음 경기에 대비하게 된다. 바둑천재 이창호는 다음과 같이 말했다.

"승리한 대국의 복기는 이기는 습관을 만들어 주고, 패배한 대국의 복기는 이기는 준비를 만들어 준다."

바둑의 신(神)이라 불리는 조훈현도 다음과 같이 말했다.

"승자는 기쁨에 들떠 있고 패자는 억울함과 분함 등 온갖 감정으로 괴롭다. 그 모든 감정을 억누르고 차분한 마음으로 복기하기란 참으로 힘든 일이다. 자신의 치부를 정면으로 바라보고 싶은 사람은 아무도 없다. 하지만 승부사들은 오히려 그것을 뚫어져라 바라본다. 승리는 실수를 인식하고 두 번 다시 되풀이하지 않아야 얻을 수 있다는 걸 잘 알고 있기 때문이다. 내가 전혀 몰랐던 것, 미처 생각하지 못했던 것을 상대방을 통해 알게 된다. 이것은 정말 대단한 경험이다."

메타인지를 높이는 방법

앞서 서술한 바와 같이 메타인지 능력은 2가지 요소가 있다. 첫째는 자신이 무엇을 잘하고 못하는지를 알아차리는 자기 평가 능력이다. 둘째는 잘한 부분은 더 잘하도록 하고, 잘못한 부분은 수정하고 보완하는 자기 조절 능력이다. 이 두 요소가 서로 균형을 이룰 때 메타인지를 높일 수 있다. 작심삼일은 자기 능력을 제대로 모르고, 스스로 조절하지 못하기 때문에 생기는 일이다. 그렇다면 성적 향상을 위한 메타인지는 어떻게 높일 수 있을까?

첫째, 올바른 공부 방법에 대해 알아야 한다. 메타인지가 인지에 대한 인지라고 한다면, 메타인지를 높이기 위해 공부법에 대한 공부를 먼저 해야 한다. 이를 위해 공신들의 공부법을 살펴볼 필요가 있다. 필자가 공신 100여 명의 공부법을 분석한 결과 공부 후 제대로 했는지를 스스로 확인하는 과정을 반드시 거쳤다는 공통점이 있었다.

효율적인 공부 방법을 연구하는 인지심리학의 연구 결과도 이를 뒷받침한다. 예를 들어 『강성태의 66일 공부법』에 소개된 암기 전략은 '1단계 읽기, 2단계 설명하기, 3단계 백지에 쓰기'이다. 여기서 2, 3단계가 모두 공부한 내용을 확인하는 과정이고, 메타인지를 높이는 방법이다. 결국 공신들은 올바른 공부법을 알고, 이를 실천한 것이다. 전자 제품마다 사용 설명서가 있는 것처럼 공신들의 공부법은 공부 사용 설명서이다. 올바른 공부법을 찾는 과성이 단순히 열심히 하는 것보다 훨씬 중요하다.

둘째, 자신의 공부법에 대한 성찰이 필요하다. 공신들의 공부법을 알았으면 이제 자신의 공부법을 들여다보아야 한다. 그래서 자기 공부법의 문제점을 찾아야 한다. 이러한 문제점을 정확히 아는 것이 메타인지이고, 이를 보완하는 과정에서 성적이 향상된다. 아인슈타인은 매번 똑같은 행동을 하면서 다른 결과를 기대하는 사람은 바보라고 말했다. 지금까지 해 오던 공부법으로 계속 공부하면 이전에 받은 성적을 계속 받게 된다. 공부 목표는 성적 향상이지 성적 유지가 아니다. 따라서 메타인지를 높이기 위해 반드시 이러한 자기 객관화 과정을 거쳐야 한다.

셋째, 공부 전략을 세우고, 평가한다. 문제점을 알았으면 고쳐야 한다. 공부 전략은 목표를 세우고, 계획을 수립하고, 계획대로 되었는지를 평가하고, 교정하는 과정을 포함한다. 공부 계획은 구체적으로 세워야 한다. 공부할 분량이 정해졌으면 얼마나 시간이 걸릴지, 몇 번을 반복해서 볼 것인지, 과목 간의 시간 안배는 어떻게 할 것인지 등에 대한 계획 수립이 필요하다.

플래너에 날짜와 과목만을 적는 경우가 많은데, 메타인지를 위해서는 공부 범위를 적고 예상 시간까지 기록해야 한다. 그리고 실제 소요된 공부 시간을 적는다. 메타인지를 높이기 위해서는 자신의 능력에 맞게 계획을 세우고, 그대로 이루어졌는지를 스스로 평가해야 한다. 이 모든 과정에서 자연스럽게 메타인지의 자기 조절 능력이 발휘된다.

넷째, 공부에 셀프 테스트를 포함한다. 공신과 일반 학생의 차이는 셀프 테스트 여부이다. 셀프 테스트 과정이 읽고 듣는 것보다 훨씬 힘들다. 하지만 이는 인지심리학과 공신들에 의해 입증된 가장 효율적인 공부법이다. 처음에는 시간이 오래 걸릴 것으로 생각하지만, 막상 해 보면 그 과정이 단순 반복보다 기억을 강화하므로 오히려 시간을 줄일 수 있다. 셀프 테스트의 핵심은 인출이다. 공부한 내용을 기억에서 끄집어내는 것이다. 설명하기, 백지에 써 보기 등이 대표적인 인출 훈련이다. 메타인지를 높이기 위해서는 인출하는 공부를 해야 한다.

다섯째, 시험에서 틀린 문제는 반드시 정리한다. 공부 전략을 잘 세우고, 계획대로 실천하고, 제대로 된 공부법으로 했다고 하더라도 막상 시험에서 틀린 문제가 나오기 마련이다. 공부 잘하는 아이와 못하는 아이는 시험 후 태도에서 판가름 난다. 못하는 아이는 시험 후 점수에만 관심이 있고 무엇이 틀렸는지, 왜 틀렸는지에 대해 무관심하다. 하지만 잘하는 아이는 틀린 문제에 관심이 있다. 그들은 왜 틀렸는지를 분석하고, 제대로 몰랐던 내용을 공부한다.

시험 후 반드시 오답 노트를 만들고 왜 틀렸는지를 분석해야 한다. 몰라서 틀렸는지, 실수로 틀렸는지, 헷갈렸는지를 알아야 한다. 이 과정에서 메타인지가 작동한다. 그리고 틀린 문제의 교과서 내용을 다시 읽고, 비슷한 유형의 문제를 풀어야 한다. 그래야 제대로 공부한 것이다.

메타인지 높이는 방법

올바른 공부 방법 알기 → 자신의 공부법 성찰 → 공부 전략 수립과 평가 → 셀프 테스트 하기 → 틀린 문제 정리 하기

너는 공부 맛을 아는 학생이다

필자는 코로나19 상황에서 원격수업으로 인한 학습 결손 및 교육 격차를 해소하기 위해, 교육부에서 주관한 학습 컨설팅에 참여한 적이 있다. 이웃 학교의 고등학교 1학년 학생을 대상으로 상담을 했다. 그 학생은 1학기 성적이 평균 5~7등급이었다. 네 곳의 학원에 다니며 공부했지만, 고등학교 첫 내신 성적을 보고 자존감이 많이 떨어진 상태였다. 2학기 중간고사 성적도 1학기와 거의 비슷했다.

그런데 특이 사항이 있었다. 중국 드라마에 마음이 끌려 자막 없이 보고 싶다는 욕구로 중국어 공부를 시작했는데, 실제 1년 반 만에 자막 없이 드라마를 보고, 회화도 가능한 수준이 되었다는 것이다. 중국어 공부법을 물어보니 드라마 대본을 보면서 낭독하고 외운 후, 자막 없이 여주인공이 되어 남자 주인공과 대화했다. 제대로 못한 부분은 체크하여 다시 반복했다. 바로 메타인지를 높이는 인출 공부를 한 것이다.

바로 '이거다' 싶은 생각이 들었다. 이 학생은 이미 공부를 잘하는 학생이었다. 학교 성적과 관계없이 이미 공부에서 성공한 학생이었다. 단지 자신이 좋아하는 중국어에만 적용하고 다른 공부에는 적용하지 않았던 것이다. "너는 공부 맛을 아는 학생이며, 이미 공부를 잘하고 있다."고 칭찬해 주었다. 그 학생의 표정이 밝아졌다.

"중국어를 더 잘하기 위해서는 좋은 대학과 환경에서 공부할 필요가 있으며, 따라서 다른 과목 성적도 올려야 한다."고 조언했다. 그리고 메타인지에 대해 설명하고, 다른 과목도 설명하기와 기억해서 쓰기의 인출 공부를 할 것을 강조했다. 아울러 혼자 공부하는 시간을 늘려야 한다고 말해 주었다.

제대로 된 공부법을 알고 이를 실천한 그 학생은 한 달 반 후에 친 기말고사에서 대부분의 과목이 10~30점 올랐으며, 등급도 1~3등급 올랐다. 이처럼 올바른 공부법과 전략은 짧은 시간에 성적을 높인다. 그 핵심은 메타인지에 있다.

02
메타인지를 높이는
수업 전략

교사는 혼자만 알고 떠들어서는 안 된다.
만약 아이가 듣기만 한다면 가르치는 것이 아니라
앵무새를 키우는 것일 뿐이다.

- 『탈무드』

어떻게 배울 것인가

춘천교대 윤택남 교수는 『학습자 메타인지 수준에 따른 교수-학습
모형』에서 학습의 목적이 '무엇을 가르칠 것인가(What To Teach)'에서
'어떻게 배울 것인가(How To Learn)'라는 관점으로 바뀌어야 한다고 주
장한다. 전통적인 교수-학습 방법론은 교사가 무엇을 어떻게 가르치는
가에 따라서 학습 결과가 달라진다는 관점이다. 반면에 메타인지에 바
탕을 둔 학습은 학습자가 어떻게 배울지에 대한 '배우는 방법(How To
Learn)'에 초점을 둔다. 따라서 교사는 수업에서 학습자의 비중을 늘리
며, 설명하고 지시하는 대신 촉진자(facilitators) 역할로 바뀌어야 한다는
것이다.

수업 시간에 메타인지를 높이는 활동을 하게 되면 학생들은 배우는 방법(How To Learn)을 익힐 수 있다. 메타인지를 높이는 수업은 수업 내에서 학생의 복습이 이루어진다. 수업 시간 내내 교사가 혼자 강의하지 않는다. 수업 시간에 학생들이 질문을 만들고, 교과서 내용으로 토론하고, 함께 문제를 해결하는 활동을 통해 배운 내용을 바로 인출하게 한다. 인출한 기억은 쉽게 잊히지 않으며, 인출하지 못한 내용은 더 공부하게 된다. 수업 따로, 자습 따로가 아닌 수업 시간에 복습하는 것이다.

메타인지를 높이는 수업을 위해 학생의 시행착오를 허용해야 한다. 교사가 강의로 수업을 채우면 수업에 정답만 존재한다. 하지만 학생이 수업에 참여하면 다른 생각이 오가고, 틀린 말도 나온다. 정답으로 직진하는 수업이 아닌 시행착오를 겪으면서 바른길을 찾아가는 수업이 되어야 한다.

리사 손 교수는 『메타인지 학습법』에서 3가지 착각을 경계한다. 빠른 길이 좋다는 생각, 쉬운 길이 좋다는 생각, 실패 없는 길이 좋다는 생각이다. 이러한 생각은 메타인지 발달을 저해하고, 부모와 아이를 혼란으로 빠뜨린다고 경고한다.

교사의 역할 : 내비게이션 vs 나침반

교사는 수업에서 내비게이션이 아닌 나침반 역할을 수행해야 한다. 내비게이션에 의존하면 한 번 갔던 길도 기억하지 못한다. 하지만 나침반으로 찾아가면 시간은 많이 걸리지만 더 많은 것을 보고, 경험하고, 스스로 길을 찾는 힘이 생긴다. 메타인지는 시행착오 끝에 생긴다. 따라서 수업에서 학생들이 자유롭게 자기 생각을 표현하게 해야 한다. 다른 생각도, 틀린 대답도 자유롭게 표현할 수 있는 교실에서 학생들의 메타인지는 자란다. 그래서 교사는 실수에 관대하고 허용적 태도를 지녀야 한다.

메타인지를 위한 교사의 역할

내비게이션	나침반
• 설명한다.	• 방향만 제시한다.
• 했던 말을 또 한다.	• 시행착오를 겪는다.
• 안 들어도 계속한다.	• 스스로 찾아가게 한다.
• 갔던 길도 모른다.	• 한 번 간 길은 안 잊는다.

메타인지를 높이는 수업은 배울 내용에 대해 호기심을 갖게 하고, 배운 지식을 인출하는 활동을 하며, 적절한 과제를 제시하여 해결하게 하는 것이다. 수업을 통해 얼마든지 학생들의 메타인지를 높일 수 있다. 지금부터 메타인지를 높이기 위한 구체적인 수업 전략 5가지에 대해 알아보겠다.

1. 수업에 호기심을 갖게 하라.
2. 학습 목표를 명확히 하라.
3. 스스로 탐색하게 하라.
4. 도전 과제를 제시하라.
5. 수업에 셀프 테스트를 포함하라.

01 수업에 호기심을 갖게 하라

공부의 출발은 질문

지적 호기심은 스스로 공부하게 한다. 그리고 지식을 확장하게 한다. 모든 학문적 탐구 업적의 출발은 호기심에서 출발한다. 아리스토텔레스의 행복론은 '인간의 목적은 무엇일까?', 뉴턴의 만유인력의 법칙은 '왜 사과가 땅으로 떨어질까?'라는 의문에서 출발했다. 데카르트의 '나는 생각한다. 그러므로 존재한다.'라는 절대 명제도 끊임없는 의심의 탐구 방법인 '방법적 회의'에서 비롯하였다.

호기심은 질문으로 구체화된다. 그래서 아인슈타인은 말했다.

"중요한 것은 질문하기를 멈추지 않는 것이다. 호기심에는 그만한 이유가 있다. 영원, 삶, 현실의 경이로운 구조 등. 이런 신비들을 생각해 보면 정의감이 들 정도다. 이런 신비를 조금이라도 이해하려고 매일 노력하는 것만으로도 충분하다. 거룩한 호기심을 결코 잃지 말아야 한다."

리사 손 교수는 서울 서부교육지원청의 부모교육특강에서 자녀의 메타인지를 높이려면 호기심을 자극하라고 하며 이렇게 말했다.

"아이는 배고픈 것처럼 머리가 고플 수 있다. 그때는 심심해하고 짜증을 낸다. 이때 부모는 호기심을 주기 위해 질문을 해야 한다. 배고픈 아이에게 밥을 주는 것처럼, 머리가 고파 심심해하는 아이에게는 질문을 줘야 한다. 아이가 자라면 엄마가 질문하지 말고, 아이가 질문하게 해야 한다. 질문을 생각하는 것은 어려운 일이다. 질문을 하기 위해서는 먼저 제대로 학습해야 하기 때문이다. 질문할 수 있으면 완전히 학습한 것이다. 호기심을 자극하고, 질문을 만드는 것은 메타인지를 높이는 좋은 방법이다."

자기소개서와 질문

서울대학교가 제공한 2019학년도 학생부종합전형 안내 자료에는 3개의 우수 자기소개서가 소개되어 있다. 이들에게는 공통점이 있다. 바로 호기심을 해결하는 과정을 학업 역량으로 소개했다는 점이다. 국사학과에 지원한 학생은 '정의롭다고 알려진 것들은 의심 없이 믿어야 하는가?', 재료공학부에 지원한 학생은 '탄소나노튜브로 n형 반도체를 구성하면 어떨까?', 수학교육과에 지원한 학생은 '왜 하필 유클리드 체계인가?'라는 질문을 했다. 그리고 이를 해결하는 탐구 과정을 서술했다.

특히 재료공학부 학생은 첫 문장에 "저는 학습 호기심을 해결하기 위해 적극적으로 행동하며, 또 다른 궁금증을 해소하기 위해 지식을 확장하고 심화하는 과정의 즐거움을 잘 알고 있습니다."라고 썼다. 이를 통해 서울대학교에서 뽑고 싶은 인재는 '지적 호기심을 갖고 이를 자기주도적으로 탐구하는 학생'임을 알 수 있다. 이는 서울대학교만의 문제가 아닐 것이다. 지적 호기심은 스스로 공부하게 하고, 스스로 탐구하게 하기 때문이다.

자사고를 1.1등급으로 졸업하고 연세대 의대에 입학한 김연정은 연고티비에 출연해서 학교생활기록부를 공개한 적이 있다. 창의적 체험 활동에 "2학년 때 진행한 실험에서 생긴 궁금증을 해소하기 위해 추가 실험을 진행함. 강낭콩을 수경재배하고 PDA 배지를 제작하여 분양받은 곰팡이를 선상도말법으로 배양함."이라고 기록되어 있었다. 수업에서 생긴 호기심을 해결하기 위해 스스로 탐구 활동을 한 것이다.

이처럼 많은 입학사정관은 학교생활기록부에서 수업이나 공부 중에 생긴 호기심을 자기주도적으로 탐구하고 해결한 경험이 있는지를 확인한다. 호기심을 해결하기 위해 독서나 자율동아리 활동 등 비교과 활동과 연계하고, 이를 통해 성장하고 진로에 영향을 준 활동에 높은 점수를 준다.

단원명으로 배울 내용 예상하기

수업에서 호기심을 갖게 하려면 단원명으로 배울 내용을 예상하게 하는 것이 효과적이다. 교사가 단원명을 칠판에 제시한 후 학생들에게 어떤 내용을 배우게 될지를 생각하게 한다. 단원명은 수업 전체 내용을 가장 짧게 요약한 것으로 그 시간에 배워야 할 핵심 성취 기준의 키워드를 포함한다.

예를 들어 고등학교 1학년 통합사회에 「행복한 삶을 실현하기 위한 조건」이라는 단원이 있다. 이 제목만으로 교과서에 어떤 내용이 나올지를 생각하게 한다. 예상 내용을 활동지에 적고, 짝과 대화하게 한다. 가장 많은 단어를 적은 학생을 발표시킬 수도 있다. 학생들은 자신의 기존 지식과 경험을 바탕으로 다양한 행복 조건에 대해 생각하고, 수업 내용을 예상할 수 있다.

이렇게 배울 내용을 먼저 예상한 후에 교사의 설명을 듣게 되면, 미리 알고 있는 지식과 새로운 내용이 연결되어 학습 효과를 높인다. 또한 예상과 실제 내용이 같은지 비교하면서 듣게 된다. 이 과정에서 흥미와 집중력이 높아지고, 메타인지가 향상한다.

수업에서 질문 만들기

호기심을 갖게 하는 또 다른 방법은 질문 만들기 활동을 하는 것이다. 많은 사람이 질문은 모르는 내용을 묻는 것으로 생각한다. 질문은 몰랐던 것을 해결하는 수단이기도 하지만, 더 깊이 생각하기 위한 과정이다. 진정한 질문은 생각하기 위해, 그리고 더 깊이 알기 위해 하는 공부 활동이다.

이제 몰라서 질문하는 것을 넘어서, 생각하기 위해 질문을 만드는 훈련을 해야 한다. 제대로 된 공부법을 익히고 3개월 만에 4등급에서 1등급을 받고, 6개월 만에 의대에 합격한 이원엽은『합격하는 사람은 단순하게 공부합니다』에서 다음과 같이 질문의 중요성에 대해 말한다.

"모든 학습에서 질문하고 답하는 과정은 필수다. 질문을 던지고, 그에 대한 답을 찾으면서 성적은 올라간다. 공부의 양은 생각의 양과 같고, 생각은 질문에서 나온다."

하브루타 수업을 하는 필자는 평소 수업에서 질문 만들기 활동을 자주 한다. 도입 단계에서 키워드를 제시하고 질문 1개씩을 만들어 포스트잇에 써서 칠판에 붙이게 한다. 질문 중에는 수업 내용과 연관된 내용이 많다. 이를 수업에서 다룰 내용과 연결하면서 배울 내용을 안내한다. 학생들은 자연스럽게 배울 내용을 연상하고, 호기심을 가지고 수업에 임한다. 행복 단원의 도입 단계 질문 만들기 활동 결과 크게 3종류의 질문이 나왔다.

- ■ What

  행복의 정의에 대한 질문이다. 행복은 무엇일까요? 행복의 본질은 무엇일까? 행복의 정의는?

- ■ How

  행복의 방법에 대한 질문이다. 어떻게 행복할 수 있을까? 일상에서 행복을 찾는 방법은? 행복하려면 앞으로 어찌 행동하고 생각해야 할까?

- ■ When

  행복한 시간에 대한 질문이다. 내가 행복한 때는? 당신은 무엇을 할 때 웃나요? 행복은 어떤 때 느끼는 감정인가?

도입 단계 질문 만들기

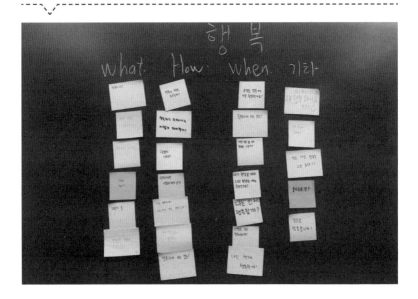

그 밖에 '행복하기 위해 행복하지 않은 일을 한다는 건 행복한 걸까?', '돈이 많아지면 행복해지겠지만 그 행복이 영원할까?', '자신이 행복한지 아닌지는 어떻게 알 수 있나?' 등의 질문이 나왔다. 이러한 질문으로 앞으로 배울 행복의 의미와 기준, 행복의 조건, 동서양의 행복론 등과 연결하고, 수업을 자기 삶과 연결해서 생각하는 시간을 가진다.

이러한 도입 단계의 질문 효과는 미국 아이오와주립대학교 연구진 (Carpenter, S. & Toftness, A. 2017)에 의해 '사전 질문하기(pre-questioning)' 기법으로 증명되었다. 교과 내용을 배우기 전에 사전 질문을 받은 집단이 그렇지 않은 집단에 비해 성적이 24% 높았다. 왜냐하면 사전 질문은 학생들에게 수업에서 다룰 내용을 검토할 기회를 주기 때문이다. 또한 학생들의 호기심을 자극한다.

정리 단계에서는 배운 내용으로 각자 2~3개의 질문을 만들고, 그중 가장 좋은 질문을 골라 짝과 토론한다. 짝 토론을 통해 1개의 질문을 선정한 후 모둠에서 다시 최종 질문을 정한다. 이를 판서하여 학급 전체와 공유한다.

코로나 19로 인해 비대면 수업을 할 때 어떻게 하면 아이들이 수업에 집중하게 할 것인가를 고민했을 때도 해답은 질문이었다. 온라인 수업에서 질문 노트를 쓰게 했다.

온라인 강의를 들은 후 '사실 질문'을 3개 만든다. 이는 내용을 파악하고 복습하기 위한 질문으로 교과서를 보면 답을 알 수 있는 질문이다. 그리고 1개의 '심화 질문'을 만든다. 이는 지식을 확장하고, 생각을 자극하는 질문이다. '왜?', '만약에?', '나라면?' 등의 질문을 통해서 배운 지식을 삶과 연결하고 사고력을 증진한다.

질문 노트 내용을 과정 중심 평가에 반영했다. 노트를 보면 수업에 어떻게 참여했는지를 잘 알 수 있다. 그리고 질문을 해결하는 과정에서 독서 등 의미 있는 탐구 활동을 한 경우 내용 확인 후 과목별 세부능력 및 특기사항에 기록했다.

질문 노트 사례

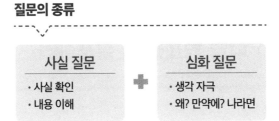

질문의 종류

사실 질문		심화 질문
・사실 확인	✚	・생각 자극
・내용 이해		・왜? 만약에? 나라면

　이러한 질문 만들기는 등교 수업에도 이어졌다. 학생들은 수업에 집중하지 않으면 질문을 만들 수 없다. 설사 수업을 제대로 듣지 않았더라도 질문을 만들기 위해서 교과서를 읽어야 한다. 질문은 자연스럽게 답을 찾는 과정으로 이어진다. 이것이 자기주도적 공부이고, 탐구 활동이다. 따라서 교사는 수업에서 학생들이 호기심을 갖고 질문하게 해야 한다. 이것이 메타인지의 출발이다.

02 학습 목표를 잘 활용하라

뇌를 깨우는 학습 목표

학습 목표는 학생이 수업에서 도달해야 할 성취점이다. 내가 도달해야 할 수준을 명확히 알고 공부하면 학습 의욕을 고취하고, 스스로 성취여부를 확인할 수 있다. 따라서 수업에서 학생들이 학습 목표를 명확하게 알게 해야 한다. 공개 수업을 할 때는 학습 목표를 제시하지만, 평소 수업에서는 소홀히 하는 경우가 많다.

교사는 학습 목표를 제시하는 데 그쳐서는 안 된다. 수업 중간 중간에 학습한 내용을 학습 목표와 연결하고, 정리 단계에서도 학습 목표에 도달했는지를 확인해야 한다. 학생들은 학습 목표에 도달했는지를 스스로 점검하는 가운데 메타인지가 작동된다.

인지심리학자 김미현은 『14세까지 공부하는 뇌를 만들어라』에서 공부를 시작하기 전에 학습 목표를 읽는 것은 뇌에 준비를 시키는 것이라고 말한다.

"학습 목표를 읽어서 도달할 목적지가 어딘지 미리 알려 주면, 뇌는 효과적으로 그것에 가는 전략을 세운다. 그리고 알고 있는 관련 지식을 모두 깨워서 앞으로 공부할 내용을 이해하는 데 도움이 될 수 있도록 준비를 시킨다. 학습 목표를 읽는 데 쓰인 30초가 뇌를 깨우고 준비시켜서 학습 효율성을 크게 높일 수 있다."

학습 목표 수업에 활용하기

학습 목표를 수업에 활용하는 방법은 다음과 같다.

첫째, 소리 내어 크게 읽게 한다. 뇌 영상 연구의 일본 최고 권위자인 가와시마 류타는 "오랜 세월 동안 뇌 기능을 연구해 왔는데, 낭독할 때만큼 뇌 영역이 골고루 활성화된 예가 없었다. 인간의 뇌를 가장 활성화하는 행동은 아마도 낭독이 아닌가 싶다."라고 말했다.

낭독은 신체의 여러 기관을 사용하여 뇌를 활성화한다. 글자를 보기 위해 눈동자를 움직이고, 소리를 내기 위해 입술, 혀, 성대 운동을 한다. 이미 낸 소리를 듣는 청각 운동까지 하므로 뇌에 많은 자극을 준다. 낭독은 머리와 몸을 함께 써 기억력을 높인다. 머리로만 기억한 것보다 몸으로 기억한 것은 더 오래 기억한다. 또한 크게 읽게 하면 학생들은 무의식중에 중요하다고 생각하여 집중하게 된다.

둘째, 학습 목표의 키워드를 각인시킨다. 키워드에 밑줄이나 형광펜을 칠하거나, 동그라미 표시를 하게 한다. 학습 목표의 키워드는 수업에서 배워야 할 핵심 개념이다. 키워드를 각인하는 활동을 통해 훨씬 강력하게 뇌의 기억 효과를 활성화할 수 있다.

예를 들어 고등학교 1학년 통합사회 과목 행복 단원에는 '시대와 지역에 따라 다르게 나타나는 행복의 기준을 이해할 수 있다.'라는 학습 목표가 제시되어 있다. 키워드는 행복의 기준, 시대, 지역이다. 이러한 키워드만으로도 '행복의 기준이 시대와 지역에 따라 다르다.'라는 사실을 알게 한다. 이제 행복의 기준이 시대와 지역에 따라 어떻게 다른지를 수업에서 확인하면 된다.

셋째, 학습 목표로 질문을 만들게 한다. 학습 목표로 질문 만들기는 가장 효과적인 동기 유발이다. '시대와 지역에 따라 다르게 나타나는 행복의 기준을 이해할 수 있다.'라는 학습 목표로 학생들은 '행복의 기준은 왜 시대와 지역마다 다를까?', '우리나라 사람들의 행복 기준은 무엇일까?', '조선시대와 현대인의 행복 기준은 어떻게 다를까?', '부탄은 왜 경제 수준에 비해 행복도가 높을까?', '시대와 지역에 상관없는 행복의 보편적 기준은 있을까?', '행복의 기준은 주관적일까? 객관적일까?', '내가 생각하는 행복의 기준은 무엇인가?', '왜 행복의 기준을 배워야 하는가?' 등의 다양한 질문을 만들었다.

이렇게 학습 목표로 질문을 만드는 활동만으로 학생들은 배울 내용을 예상하고 지적 호기심을 고취한다. 이는 자발적인 학습 의욕을 높인다. 각자가 만든 질문으로 짝과 간단히 대화하는 것도 좋은 방법이다.

넷째, 수시로 학습 목표와 수업 내용을 연결한다. 필자는 수업에서 수시로 금방 학습한 내용이 학습 목표와 어떻게 관련 있는지를 설명한다. 또한 정리 단계에서 적절한 평가를 통해 학생 스스로 학습 목표 도달 여부를 알아차리게 한다. 이처럼 수업 중간 중간에 학습 목표를 상기시켜야 한다. 수업을 통해 내가 무엇을 배우는지, 무엇을 알아야 하는지, 그리고 알아야 할 내용을 이해했는지를 생각할 때마다 메타인지가 작동한다.

학습 목표 수업에 활용하기

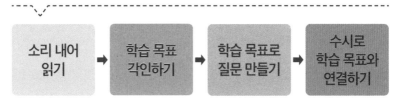

소리 내어 읽기 → 학습 목표 각인하기 → 학습 목표로 질문 만들기 → 수시로 학습 목표와 연결하기

48

성공하는 사람은 목표가 뚜렷하다. 명확한 목표는 가장 확실한 동기부여 수단이다. 그리고 자기주도적 노력을 끌어낸다. 공부를 할 때 먼저 공부의 목표를 알아야 하고, 각 과목의 학습 목표와 해당 수업의 학습 목표를 알아야 한다. 수업도 마찬가지이다. 제대로 배우게 하기 위해서는 학습 목표를 명확히 제시해 주어야 한다. 수시로 목표를 상기하여 학생 스스로 노달 여부를 확인하고 점검해야 한다. 메타인지는 내가 도달해야 할 지점과 지금 나의 위치를 아는 것이기 때문이다.

03 스스로 탐색하게 하라

답을 주지 마세요

 학생들의 메타인지를 키우기 위해 교사는 정답 중심의 강의 수업에서 벗어나서, 학생들에게 탐색할 기회를 주어야 한다. 이를 위해 교사는 정답을 바로 제공해서는 안 된다. 교사가 정답을 말하는 순간 학생들의 생각은 멈추기 때문이다. 「세상을 바꾸는 시간, 15분」에 출연한 리사 손 교수는 자녀들의 메타인지를 키우는 방법으로 "답을 주지 마세요."라고 말했다. 정답은 학생들이 생각할 기회를 빼앗는다. 진정한 공부는 생각에서 비롯한다.

 내가 틀릴 수도 있고, 모를 수도 있다는 것을 아는 것이 메타인지이다. 따라서 메타인지를 키우기 위해서는 시행착오를 겪으면서 틀리고 실수하는 과정이 필요하다. 학생들이 책을 보고, 친구와 질문하고 대화하며 스스로 답을 찾는 활동을 하게 해야 한다. 이 가운데 자기 생각이 틀릴 수도 있다는 것을 알게 된다. 완벽하지 않은 자신을 인정하고 받아들일 때 메타인지 능력이 발휘된다.

 4차 산업혁명 시대를 위한 창의적 인재를 양성하기 위해서는 실패 경험과 이에 대한 허용적 분위기가 필요하다. 교사가 미리 완벽한 결과물을 제시하면 학생들은 흥미를 갖지 않는다. 하지만 시행착오를 경험하면서, 실패의 경험이 쌓일 때 창의성이 발휘된다. 실패의 교훈을 스스

로 찾고, 그 안에서 새로운 방법에 도전한다면 실패는 더 이상 실패가
아니다.

그렇게 하기 위해서는 교사의 강의로 수업을 100% 채워서는 안 된
다. 학생들은 교사가 수학 문제를 풀고, 영어 지문을 해석하는 것을 듣
고 있으면 안다고 착각한다. 하지만 나중에 혼자 풀어 보고 해석하면
모르는 경우가 많다. 강의식 수업에서는 메타인지가 작동하지 않는다.
오히려 모르면서 알고 있다는 착각으로 학업을 방해한다. 메타인지를
키우기 위해서는 학생들이 실제로 해 보게 해야 한다.

뇌 가소성과 시냅스

뇌는 뇌세포(뉴런)와 뇌세포를 서로 연결하는 신경망(시냅스)에 의해
활동한다. 뇌에는 대략 1천억 개의 뇌세포가 있고, 뇌세포마다 수백~
수천 개의 신경망이 있다. 시냅스는 뇌세포와 뇌세포를 연결하는 역할
을 한다. 시냅스에 의해 정보가 서로 연결되는 것이다. 인간의 뇌는 학
습과 경험에 따라 끊임없이 변하고 발달한다. 이를 뇌 가소성이라고 한
다. 여기서 변한다는 의미는 뇌세포를 연결하는 신경망인 시냅스가 생
기거나 강화된다는 것이다.

뇌 과학의 연구 결과에 따르면 시냅스는 새로운 것을 배우거나 탐구
할 때 활성화된다. 예를 들어 자전거를 배울 때 처음에는 균형을 잡지
못해 넘어진다. 하지만 시행착오를 거치고 넘어지기를 반복하면서 나
중에는 잘 타게 된다. 이때 뇌에서는 자전거 탈 때 균형을 잡아 주는 시
냅스가 새롭게 생기고 강화된 것이다.

이를 학습에 적용해 보면 새로운 것을 배우고, 더 잘하기 위해 노력할

때 뇌가 활성화되고 시냅스 연결이 강화된다. 학생들의 뇌는 교사의 강의를 들을 때보다 수업에서 스스로 탐색하고, 주제를 선택해서 탐구하는 활동을 하면서 자극을 받고 활성화한다.

스스로 채우는 수업

필자는 가르쳐야 할 내용을 처음부터 말하지 않는다. 학생들이 교과서를 읽어 보고 활동지에 스스로 찾아 적게 한다. 그리고 질문을 만들어서 하브루타 토론을 하게 한다. 마지막에 핵심 내용을 정리한다. 학생들은 배워야 할 내용을 스스로 교과서를 읽고 요약하고, 질문을 만들고, 친구와 토론하는 과정에서 거의 배운다. 다음은 필자 수업에서 사용한 학생 활동지 사례이다. 단원명은 '통합적 관점으로 기후 변화 살펴보기'이다.

시간적 관점	기후 변화의 원인	
공간적 관점	기후 변화에 따른 지역별 영향	
사회적 관점	기후 변화를 해결하려는 국제 노력	
윤리적 관점	기후 변화의 책임	

교과서를 읽고 활동지를 채우는 모습

　학생 참여를 강조하는 요즘 교과서에는 학생들을 탐색하게 하는 활동이 포함되어 있다. 단원 마무리 단계에 나오는 탐구 활동이 대표적이다. 이는 하나의 정답이 아닌 다양한 해답을 찾게 하는 경우가 대부분이다. 이를 통해 지식을 삶과 연결하고, 배운 내용으로 사회 문제를 해결하게 한다.

　필자는 탐구 활동을 할 때 처음부터 모둠 활동으로 하지 않는다. 그러면 무임승차자가 발생한다. 모둠에서 자기보다 뛰어난 학생이 있다는 것을 아는 순간, 생각을 멈추고 입을 닫는다. 따라서 반드시 각자의 생각을 먼저 적게 한다. 이후 짝과 대화를 통해서 더 좋은 생각을 정한다. 이 과정에서도 메타인지가 작동한다.

　짝 토론을 통해 기존에 했던 각자의 생각보다 더 좋은 새로운 생각이 나오는 경우가 많다. 짝 토론에서 만들어진 생각은 모둠 활동을 통해 다시 토론한다. 각 모둠에서 최종 1개의 생각을 정하여 칠판에 적게 한다. 결국 하나의 탐구 과제에 대해 친구들의 다양한 생각을 알게 된다.

04 도전 과제를 제시하라

바람직한 어려움

인지심리학에서는 어려움이 오히려 학습에 도움이 되며, 이것을 '바람직한 어려움'이라고 부른다. UCLA 로버트 비욕 교수는 EBS「시험을 시험하다」에서 "바람직한 어려움은 배움의 과정에서 학습자에게 도전이 될 만한 것이 필요하다. 너무 쉽게 느껴진다면 아무것도 배울 수 없다."라고 말한다.

메타인지를 높이기 위해 도전 과제를 제시해야 한다. 성적을 올리는 것은 근육을 만드는 과정과 비슷하다. 가벼운 무게를 아무리 들어도 근육은 생기지 않는다. 힘든 무게를 반복해서 들 때 근육이 만들어진다. 수학 성적은 쉽게 풀리는 문제를 반복해서 푼다고 올라가지 않는다. 한 번에 풀리지 않는 어려운 문제를 시행착오를 겪으면서 힘들게 풀어야 성적이 오른다.

인터넷 1타 수학 강사인 정승제는『정승제 선생님이야!』에서 "사람들은 수학 문제를 앞에 놓고 오래 들여다보며 고민하고 생각하면 수학을 못하는 사람으로 오해를 해. 그것은 수학 공부에 전혀 도움이 안 되는 나쁜 편견인 거야. 정말 성적을 올리고 싶다면 이런 편견을 이겨 내는 게 중요해."라고 말한다.

어려운 문제를 포기하지 않고 풀기 위해 노력하는 과정에서 실력이 향상된다. 윤리 교사인 필자는 수학 성적이 가장 낮았다. 안 풀리는 문제는 곧바로 해설지를 보던 잘못된 습관 때문이었다. 공부할 때는 문제를 빨리 풀 수 있었지만, 막상 시험에 나온 문제는 풀지 못했다.

공부 잘하는 아이와 못하는 아이는 어려운 문제를 만났을 때의 학습 태도로 판가름 난다. 못하는 아이는 어려운 문제를 만나면 포기하고, 결국 모르는 상태에서 시험을 친다. 하지만 잘하는 아이는 해결할 때까지 씨름한다. 비록 지금 성적이 낮은 학생이라 할지라도 어려운 문제에 직면했을 때 시간이 걸리더라도 스스로 해결하면 결국 성적이 오르게 된다.

도전 과제와 메타인지

도전 과제를 풀기 위해 학생들은 더 많은 시간을 골똘히 생각하게 된다. 이것은 주어진 시간에 문제를 해결하지 못했다고 하더라도 그 자체로 공부이며, 학습 효과를 높인다. 인지심리학자 김미현 박사가 『14세까지 공부하는 뇌를 만들어라』에서 소개한 실험 결과가 이를 입증한다. 문제 풀이에 쓸 수 있는 시간을 달리한 두 집단의 학습 효과를 알아보는 실험이었다. 실험은 예비 실험과 본 실험으로 나누어 실시되었다.

먼저 예비 실험에서 A그룹과 B그룹의 실험 참가자들은 똑같은 연습 문제를 풀었는데, A그룹은 5분 동안, B그룹은 10분 동안 문제를 풀었다. 연습 문제는 다양한 아이디어를 내는 가운데 답을 찾는 것으로, 주어진 시간을 모두 사용해야 한다는 조건을 달았다. 그러나 문제가 어려워서 두 그룹 다 주어진 시간 안에 답을 찾지 못했다.

본 실험에서는 연습 문제와 같은 구조를 가졌으나 표면적으로는 다르게 보이는 문제를 냈다. 두 그룹 모두 같은 문제를 주고, 같은 시간에 풀게 했다. 결과는 예비 실험에서 10분을 쓴 그룹이 5분을 쓴 그룹보다 정답 비율이 높았다. 연습 문제를 풀면서 아이디어를 구상하는 데 시간을 더 쓴 그룹이 문제를 잘 푼 것이다. 이는 오랜 시간 동안 문제를 풀기 위해 다양한 궁리를 하는 것이 정답을 찾아내는 데 도움이 된다는 것을 확인시켜 준다.

도전 과제의 효과는 교육심리학자인 비고츠키(Vygotsky)의 근접발달 영역(The Zone of Proximal Development) 이론을 통해서도 입증된다. 학생이 혼자 해결할 수 있는 수준은 아니지만 그 수준에 근접하는 문제를 접할 경우, 타인의 도움을 받게 되면 결국 혼자서도 문제를 해결할 수 있게 된다는 것이다.

이는 혼자 쉽게 달성할 수 있는 수준보다 높은 단계의 과제를 제시하여, 협동이나 도움을 통해 더욱 성장하는 배움의 가능성을 보여 준다. 어려운 문제에 대해 교사의 적절한 안내나 또래와의 협동을 통해 문제를 해결하면 훨씬 성공적인 학습이 이루어진다.

미엘린과 성장 마인드셋

어려운 문제를 푸는 노력은 뇌를 활성화한다. 뇌 속에는 플라스틱 피복처럼 신경세포를 감싸는 미엘린이라는 지방층이 있다. 이는 뇌세포가 전달하는 전기 신호를 보호하는 역할을 한다. 미엘린이 두꺼울수록 정보를 전달하는 속도와 강도, 정확성이 증가한다. 따라서 미엘린의 두께는 학습 능력과 밀접한 관련이 있다.

캘리포니아 버클리대학교의 마리안 다이아몬드(Marian Diamond)가

아인슈타인의 뇌를 연구한 결과에 따르면, 일반인에 비해 미엘린이 2배나 두꺼웠다고 한다. 뇌 과학 연구에 따르면 미엘린은 자신의 사고력을 최대한 발휘하여 문제에 집중할 때 두꺼워진다. 따라서 한 번에 풀기 어려운 문제에 골똘히 집중하는 것은 미엘린의 두께를 두껍게 하고, 학습 능력을 향상시킨다.

『마인드셋』의 지지자인 스텐피드대학교 심리학과 드웩(Dweck) 교수에 따르면 인간은 기본적으로 편하고, 쉽고, 자기에게 익숙한 것을 선호하는데 억지로라도 이런 안전지대를 벗어나 한 단계 더 어려운 것에 도전하게 할 때 성장 마인드셋(마음가짐)이 싹트게 된다고 한다. 즉 도전을 통해서 성장한다는 것이다.

배움의 공동체 - 점프 과제

배움의 공동체 수업에서 '점프 과제'가 이러한 도전 과제에 해당한다. 점프 과제는 교과서보다 높은 수준의 과제를 통해 배움에 도약을 일으키는 것이다. 성적이 낮은 학생에게 부담을 주지 않을까 우려할 수도 있지만, 막상 학생들은 도전 의식이 생겨 적극적으로 수업에 임한다고 한다.

사토 마나부는 이우학교의 강연에서 다음과 같이 말했다.

"높은 레벨의 배움에 도전하게 해야 한다. 모든 학생이 참여하기 위해 레벨을 낮추어 가르치려고 한다. 그래서 아는 것을 또 가르치는 재미없는 학교가 되어 가고 있다."

쉬운 문제를 반복해서 풀어도 실력이 향상하지 않는다. 느리고 어렵더라도 실패를 경험하는 가운데 메타인지가 자란다. 따라서 도전 과제를 통해 의욕을 높이고, 궁리하는 활동이 필요하다. 물론 교사는 이 과정에서 아이들이 포기하지 않도록 적절히 지도해야 한다. 또한 친구를 통해 배움이 일어나도록 협동 학습 분위기를 만들어야 한다.

게임 레벨을 높이려면 더 높은 레벨에 도전해야 한다. 마찬가지로 공부 레벨을 높이려면 어려운 문제에 도전해야 한다. 따라서 교사는 학생들이 골똘히 생각하고, 함께 문제를 해결할 수 있도록 도전 과제를 제공해야 한다. 도전 과제를 해결하기 위해 수업에서 배운 내용을 꼼꼼하게 살펴야 하므로 기본 지식을 탄탄하게 습득할 수 있다. 또한 찾아보고, 서로에게 질문하고 대답하며, 공동의 노력으로 문제를 해결하는 과정에서 진정한 공부의 맛을 알게 된다.

05 수업에 인출 활동을 포함하라

인출 활동의 종류

공신들은 공부한 내용에 대해 셀프 테스트를 한다. 기억을 인출하여 제대로 알고 있는지를 스스로 평가하는 것이다. 이러한 인출 활동을 수업 시간에 포함한다면 학생들이 배운 내용을 훨씬 잘 기억하게 된다. 수업에서 인출 활동은 다음 2가지로 분류할 수 있다.

첫째, 기억을 강화하는 활동이다. 배운 내용을 끄집어내는 과정에서 장기 기억으로 보내고, 모르는 부분을 알게 한다. 설명하기, 백지에 쓰기, 빙고 게임을 활용한 개념 정리 등이 해당한다. 이는 대부분 수업 정리 단계에서 활용한다. 5~10분 정도의 시간만으로 충분한 복습 효과가 있다.

둘째, 배운 지식을 활용하여 다른 과제를 수행하는 것이다. 교과 내용을 바탕으로 자기 생각을 표현하거나 주어진 문제를 해결하는 활동이다. 이는 기억 강화에 그치는 것이 아니라 창의력, 비판적 사고, 문제 해결력을 높인다. 토론과 논술, 프로젝트 수업 등이 해당한다. 시간이 다소 많이 필요하며, 2차시 이상의 시간이 필요한 경우가 대부분이다.

인출 활동 종류

기억 강화	지식 활용
· 친구 가르치기 · 백지 복습법	· 토론과 논술 · 프로젝트 수업

인출 활동의 수업 효과

수업 시간에 하는 인출 활동은 다음 3가지 측면에서 학생들의 기억을 촉진하고, 수업 효과를 높인다.

첫째, 인출 활동은 장기 기억에 도움을 준다. 인지심리학에 따르면 공부한 내용을 기억에서 끄집어내는 활동 자체가 기억력을 강화하는 효과가 있다. 단기 기억에 머물러 있던 정보를 인출하기 위해 애쓰는 활동은 뇌에서 단기 기억과 장기 기억을 선별하는 해마를 자극하여 망각을 막아 주기 때문이다. 따라서 인출은 가장 효과적인 기억 전략이다.

둘째, 인출 활동을 염두에 두고 강의를 들으면 훨씬 더 수업에 집중하게 된다. 수업 마무리 단계에서 배운 내용을 교재를 보지 않고 기억해서 쓴다든지, 친구에게 설명해야 한다는 사실을 미리 알려 주면, 학생들은 잘 기억하기 위해 수업에 더 집중하게 된다.

셋째, 몰랐던 부분을 제대로 알게 된다. 대부분의 학생은 인출 과정을 완벽하게 수행하지 못한다. 기억이라는 것 자체가 대부분 시간이 지나면 잊히기 때문이다. 이때 제대로 인출하지 못한 내용은 학생들이 제대로 알지 못한 내용이다. 이 부분을 확인하고, 다시 책을 찾아보거나 보완하는 과정을 통해 학생들은 제대로 배우게 된다.

03
메타인지 수업 활동의 종류

과학, 언어, 스포츠 등 모든 분야를 막론하고
가장 효과가 높은 공부법은 '배우는 법을 배우는 것'입니다.
- 이지성, 『객관적이고 과학적인 공부법』

수업 성찰

최근 학생들이 참여하고 활동하는 수업이 확산하고 있다. 거꾸로 교실, 배움의 공동체, 하브루타, 프로젝트 수업, 토론 수업은 모두 강의 중심의 수업을 지양하고, 학생 활동을 중심으로 수업을 설계하고 있다. 그런데 새로운 고민을 하는 교사가 늘고 있다. 분명 수업 시간에 학생들이 활발하게 활동하고, 웃음이 넘치고, 행복해 보이는데 그 가운데 학생들이 제대로 배우고 있는가에 대해 확신하지 못한다.

수업의 목적은 학생들의 배움이다. 활동은 배움을 위한 수단이다. 그런데 활동 중심으로 수업을 설계하다 보면 주객이 전도되기 쉽다. 5분의 강의로 배울 내용을 50분 동안 활동해서 배운다면 시간 낭비이다.

결국 배움의 양은 줄어든다. 이를 해결하는 것이 바로 메타인지를 높이는 수업이다. 메타인지 수업은 핵심 개념과 지식을 익히는 것을 전제로 한다. 그 후에야 인출하고, 활동할 수 있기 때문이다. 배운 지식을 기억에서 인출하고, 지식을 활용하여 활동하는 가운데 지식이 단단해지고, 깊어지고, 넓어진다.

메타인지는 성찰이다. 찰스 다윈은 "무지가 지식보다 자신감을 더 많이 갖게 한다."라고 말했다. 성찰하지 않은 무지는 잘못된 자신감으로 나타난다. 좋은 수업을 하고 싶다면 자기의 수업을 성찰할 용기가 필요하다. 완벽하지 않은 자신을 인정하고 받아들일 때 메타인지를 끌어낼 수 있다.

수업 성찰을 위한 좋은 방법은 동료 교사와 수업을 공유하는 것이다. 연구 수업은 대부분 형식적 절차로 이루어진다. 협의회를 하더라도 의례적인 이야기만 오가는 경우가 많다. 수업 성찰을 위한 수업 공유를 통해 자기 수업을 제대로 들여다볼 수 있다.

메타인지를 키우기 위해서는 객관적인 평가가 필요하다. 자기 수업에 대해 스스로 객관적인 평가를 하기는 어렵다. 여기서 평가는 남과 비교하는 평가가 아니다. 변화하고 성장하기 위한 평가이다. 울산의 거꾸로 교실 교사 모임에서는 생각대로 수업이 이루어지지 않은 교사가 동료 교사들에게 수업을 똑같이 시연한다. 동료 교사들은 수업자의 고민을 함께 해결하기 위해 노력한다. 동료 교사와 수업 설계를 나누고 공개하는 과정에서 교사는 자기 수업을 성찰하게 된다. 성찰은 성장으로 이어진다.

수업은 혼자 하는 것이 아니다. 일차적으로 학생들과 함께 한다. 그리고 동료 교사와 함께 해야 한다. 동료 교사와 많은 대화를 하지만 정작 수업 방법에 관한 대화는 하지 않는다. 교과 협의회에서도 진도나 평가에 관한 협의를 하지만, 수업 방법에 관한 이야기는 하지 않는다. 수업 방법에 대해 협의하고, 서로의 수업을 개방하는 것이 수업 성찰의 가장 중요한 요소이다.

이 장에서는 메타인지를 높이는 활동으로 하브루타, 설명하기, 기억해서 쓰기, 질문하기, 테스트하기, 토론과 논술, 프로젝트 수업을 제시한다.

01 하브루타

하브루타와 메타인지

하브루타는 메타인지를 높이는 공부법이다. 유대인의 노벨상 수상 비율이 높고, 4차 산업혁명을 선도하는 기업을 이끄는 사람들 중에 유대인이 많은 것은 그들이 바로 메타인지를 높이는 가장 효율적인 공부를 하고 있기 때문이다. 유대인은 어려서부터 『탈무드』를 낭독하고, 질문과 토론 문화가 일상이 되어 있다. 이 모든 활동이 인지심리학에서 메타인지를 높이는 인출 공부이다.

낭독하기는 소리 내어 읽는 과정에서 목소리뿐만 아니라 시각과 청각 등 다양한 감각을 사용하여 뇌를 활성화하고, 효과적으로 기억하도록 도와준다. 토론 과정에서 자신의 생각을 설명하면서 아는 것과 모르는 것을 구분하고, 장기 기억에 도움을 준다. 『탈무드』를 읽으며 질문을 만들고, 질문으로 토론하는 과정은 외우거나 수용하는 공부가 아닌, 비판적이고 창의적인 생각을 창출한다.

또한 하브루타는 메타인지의 두 요소인 자기 평가 능력(모니터링)과 자기 조절 능력(컨트롤)을 높인다. 하브루타의 설명하기는 아는 것과 모르는 것을 알게 하는 자기 평가 능력을 키우는 가장 좋은 방법이다. 또한 '지금 해야 할 일은 무엇인가?', '무엇이 더 중요하고 더 시급한가?', '남은 시간을 활용해 목표에 도달할 수 있는가?' 등의 질문을 통해 자신을 컨트롤하며 목표에 나아갈 수 있다.

하브루타의 효과

짝을 지어 질문하고 토론하는 하브루타는 다음과 같은 학습 효과가 있다.

첫째, 자기주도 학습 능력을 높인다. 주어진 텍스트를 읽고, 외우는 수동적인 공부는 학습 의욕을 높이지 못한다. 하지만 질문을 만들어 토론하는 과정에서 생각과 생각이 만나 새로운 생각을 낳는다. 이러한 과정에서 성취감을 느끼고, 내적 동기를 높인다. 이렇게 내적 동기를 높이는 공부는 스스로 공부하게 하고, 더 알기 위해 노력하게 한다.

둘째, 뇌를 활성화시켜 사고력을 높인다. 질문하고 논쟁하면서 뇌에 저장된 여러 기억을 분석하고 인출한다. 또한 시각과 청각, 입술과 몸짓 등 신체 여러 기관을 총동원하여 뇌의 활동력을 높인다. 생각하는 과정에서 전두엽이 활성화되고, 말하고 듣는 과정에서 운동 기능을 담당하는 소뇌가 자극을 받는다. 그리고 뇌의 다양한 부위가 서로 연결되면서 뇌의 활동이 더 활발해진다.

셋째, 집중력을 높인다. 질문은 이해나 암기를 위한 공부보다 훨씬 집중력을 요구한다. 비판적 읽기, 분석적 읽기, 다른 각도에서 바라보기를 해야 하기 때문이다. 또한 토론하면서도 상대 주장에 경청하고, 반박하기 위해 집중력을 계속 유지해야 한다. 이러한 집중은 뇌에서 쾌감을 담당하는 도파민의 분비를 촉진해서 공부의 효율을 높인다.

넷째, 오래 기억하게 한다. 인지심리학에서는 장기 기억을 위해 인출 연습을 강조한다. 하브루타의 질문하기, 설명하기, 토론하기는 모두 인출 활동이다. 이러한 활동을 통해 더 자세히 알게 되고, 미처 몰랐던 내용을 깨닫는 메타인지가 작동되고, 더 오래 기억하게 된다.

다섯째, 미래 인재에게 필요한 역량을 키워 준다. 질문하고 논쟁하면서 비판적 사고를, 경청하고 토론하는 과정에서 의사소통 능력을, 함께 문제를 해결하는 과정에서 협업 능력을 키운다. 무엇보다 서로의 다른 생각이 만나 연결되면서 미처 생각하지 못했던 창의적인 사고력이 생겨난다.

02 설명하기

설명할 수 있어야 아는 것이다

설명하기는 인지심리학에서 메타인지를 높이는 가장 좋은 전략이다. 설명하기 위해서는 정보를 머리에서 정리하고 재구성한 뒤 인출해야 한다. 이 과정에서 뇌는 활성화되고 기억은 강화된다.

인지심리학자 김경일 교수는 "세상에는 2가지 종류의 지식이 있다. 첫 번째, 안다는 느낌은 있지만 설명을 못하는 지식, 두 번째, 내가 안다는 느낌도 있고, 설명도 할 수 있는 지식이다. 두 번째가 진짜 지식이다."라고 말했다. 그리고 인공지능이 절대 이길 수 없는 인간의 능력이 바로 메타인지라고 했다.

김경일 교수는 『십대를 위한 공부사전』에서 다음과 같이 말했다.

"무언가를 익힐 때보다 익힌 것을 말로 설명할 때, 더 잘 기억하고 이해도도 높아진다. 공부를 입력, 설명을 출력에 비유한다면, 출력이 입력보다 8배 정도 높은 학습 효과를 가진다. 단순히 지식을 머리에 입력만 하는 것보다 친구들에게 설명함으로써 출력까지 한다면 당연히 학습 효과가 더 크다."

리사 손 교수는 『메타인지 학습법』에서 설명하기의 효과에 대한 실험을 소개했다. 학생들을 A, B로 나눈 후 같은 내용의 글을 제시했다. 실험자는 같은 시간을 주고 A 집단에게는 제시문과 관련된 시험을 볼 것이라 말하고, B 집단에게는 제시문을 다른 학생에게 가르쳐야 하니 이를 준비하라고 일렀다.

이후 두 집단은 시험을 쳤다. 단, 시험에 앞서 B 집단에게 "가르쳐야 할 사람에게 사정이 생겨서 오지 못하게 되었으니 그 대신 시험을 보겠다."라고 말했다. 결과적으로 두 집단은 같은 시간 공부했고, 같은 내용의 시험을 보았다. 시험 결과는 B 집단의 성적이 훨씬 더 좋았다. 타인을 가르치지 않고 그저 가르칠 준비를 한 것만으로도 점수가 높게 나온 것이다.

이처럼 가르치기 위해서는 내용에 더 집중하고, 책임감을 갖게 된다. 왜냐하면 테스트 결과는 자신만의 문제이지만, 누군가를 가르쳐야 한다는 것은 다른 사람과의 관계에서 책임감이 부여되기 때문이다. 따라서 가르침을 염두에 둔 공부는 집중력을 강화한다.

또한 가르친다고 생각하면 교사의 관점으로 바뀐다. 이를 통해 전체 내용을 구조화해서 중요한 내용을 찾고, 내용들이 어떻게 서로 연관되는지를 생각하게 된다. 알고 있는 개념이라도 설명해야 한다는 생각에 개념 정리를 더 명확하게 해야 한다. 이 과정에서 자신이 아는 것과 모르는 것을 다시 한 번 검토하게 된다. 이러한 일련의 과정이 테스트를 위한 암기보다 훨씬 효과적으로 기억을 강화한다.

친구 가르치기

설명하기는 수업에서 '친구 가르치기' 방식으로 이루어진다. 주로 중요한 개념이나 외워야 할 내용이 많은 단원에 적합하다. 필자의 수업에서 학생들의 반응이 가장 좋은 수업이기도 하다. 수업에서 설명하기 효과를 경험한 학생들은 자신의 공부법으로 계속 활용하는 경우가 많다. 그룹 스터디나 멘토-멘티 활동에서 설명하기를 활용하여 함께 성적이 오르는 경험을 이야기한다. 학생들은 시험 칠 때 설명 내용뿐만 아니라 설명하던 상황까지 함께 기억난다고 말하기도 했다. 친구 가르치기는 다음과 같은 이유로 설명하는 학생이나 배우는 학생 모두에게 도움을 준다.

먼저, 설명하는 학생 입장에서 가장 좋은 복습법이다. 설명하기 위해 학습에서 의미 있는 부분을 파악하고, 각 내용의 중요성을 정리한 후 이를 어떻게 연결할 것인지를 생각하게 된다. 그리고 단순히 내용뿐만 아니라 어떻게 하면 상대방이 알아듣게 설명할 것인가를 고민하게 된다. 또한 설명하는 과정에서 새로운 아이디어가 떠오르기도 한다. 가장 중요한 것은 제대로 설명하지 못한 부분을 알게 되어 메타인지 능력을 키우게 된다. 공부는 모르는 것을 알아 가는 과정이다. 따라서 설명하기는 가장 좋은 공부법이다.

다음으로 설명을 듣는 학생 입장에서 교사의 설명보다 훨씬 이해가 잘된다. 왜냐하면 교사는 전체 학생을 대상으로 가르치지만, 친구 가르치기는 학습자 수준에 맞게 가르치기 때문이다. 설명하는 친구는 자신이 이해한 방식으로 설명한다. 즉 내용을 자기 것으로 만든 후 또래 언어로 표현하게 된다. 따라서 배우는 학생은 훨씬 쉽게 이해할 수 있다. 또한 모르는 부분을 교사에게보다 훨씬 쉽게 질문할 수 있다. 따라서 교사에게 설명을 듣는 것보다 친구를 통해 쉽게 배울 수 있다.

2022학년도 서울대 학생부종합전형 안내서의 '선배들이 들려주는 나의 이야기'에 소개된 사례를 통해 설명하기 공부의 효과를 잘 알 수 있다.

배운 내용을 내면화하기 위해서는 여러 가지 방법이 있습니다. 교과서를 다시 읽어 볼 수도 있고, 문제를 풀어 볼 수도 있습니다. 제가 선호한 방법은 말로 설명하는 것이었습니다. 자신만의 언어를 사용하여 배운 내용을 친구에게 설명하거나, 스스로에게 되풀이하였습니다. 역사 과목에서 사건의 배경-전개 결과를 설명하는 중에 빈약한 부분이 있으면 친구와 함께 그 부분을 보완하며 구체적인 내용 이해를 도왔습니다. 수학은 온갖 법칙, 정리들을 먼저 증명하고, 이후 증명하는 과정을 스스로에게 다시 설명하는 방식으로 공부했습니다. 상당히 번거롭고 시간 소모가 많은 방법이라고 생각이 들 수도 있지만 제게는 아주 효율적이면서도 배운 내용을 자연스럽게 상기시킬 수 있는 방법이었습니다.

설명하기 활동을 하기 전에 5분 정도 복습 시간을 주는 것이 바람직하다. 강의 후 바로 설명하게 하면 대부분 얼마 이야기하지 못한다. 하지만 5분 뒤에 친구에게 설명할 것이라고 이야기하면 아이들은 집중해서 공부하기 시작한다. 실제로 5분 동안 교실 이곳저곳에서 중얼거리며 외우는 소리가 들린다. 또한 여러 학생이 기본 개념의 뜻을 묻는 질문을 한다. 왜냐하면 평소에 몰랐던 내용을 그냥 넘기던 학생도 친구에게 설명하기 위해서는 알아야 하기 때문이다.

친구 가르치기는 줌(ZOOM)을 활용한 온라인 수업에서도 얼마든지 가능하다. 소회의실, 화면 공유, 주석 기능을 활용하면 교실 수업보다 더 집중해서 임하는 경우가 많다. 줌 수업에서 친구 가르치기는 교사의 강의를 들은 후, 금방 교사에게 배운 내용을 자신이 이해한 대로 짝에게 설명하게 하면 된다.

03 기억해서 쓰기

백지 복습법

기억해서 쓰기는 책을 보지 않고 백지에 배운 내용을 쓰는 활동이다. 설명하기는 상대를 필요로 하는 활동인 데 비해, 기억해서 쓰기는 혼자서 할 수 있는 인출 활동이다. 필자는 코로나 19로 교실에서 대화가 어려울 때 이 활동으로 학생들이 인출하게 했다.

기억해서 쓰기는 설명하기와 더불어 많은 공신의 공부법이다. 백지 복습, 혹은 백지 공부를 검색하면 수많은 사례를 확인할 수 있다. 강성태는 『66일 공부법』에 다음과 같이 말했다.

"연습장에 교재를 안 보고 공부한 내용을 전부 써 본다. 책을 보고 정리하는 것보다 훨씬 시간이 오래 걸리고 힘들지만, 그 내용만큼은 확실히 내 것이 될 수 있다."

수업 단계별 전략

기억해서 쓰기는 수업 정리 단계와 도입 단계에서 모두 활용할 수 있다. 설명하기와 마찬가지로 실시 전 3분 정도의 공부 시간을 주면 학생들이 집중해서 복습한다. 정리 단계의 활동은 수업 직후 실시한다. 이는 막 빠져나가려는 기억을 붙잡아 다음 복습을 쉽게 한다.

도입 단계의 활동은 지난 시간에 배운 내용을 쓰게 하는 것이다. 이른바 '간격을 두고 공부하기' 전략이다. 이는 어느 정도 시간이 지난 후 복습하는 것이다. 인지심리학에 따르면 공부한 다음 어느 정도 시간이 지난 뒤의 인출 활동은 직후 활동보다 기억 효과가 크다. 왜냐하면 찾는 데 훨씬 스트레스를 받기 때문이다. 흐릿해져 꺼내기 어려운 기억을 애써서 인출할수록 그 내용은 쉽게 잊히지 않는다.

암기는 반복 횟수보다 반복 주기가 중요하다. 이를 '시간 간격을 둔 반복 연습'이라고 한다. 연이어 반복하는 것보다 적절한 간격을 두고 복습하는 것이 훨씬 오래 기억하게 한다.

백지 복습법 2단계

기억해서 쓰기 활동을 하면서 복습 효과와 더불어 메타인지 능력을 키우는 방법은 2단계로 하는 것이다. 먼저 책을 보지 않고 기억해서 쓴다. 그리고 일정한 시간을 준 뒤, 책을 보면서 미처 기억하지 못한 부분을 빨간 펜으로 추가해서 적는다. 이를 통해 자신이 미처 기억하지 못한 부분을 알게 된다. 다음에 복습할 때 빨간 펜으로 적은 부분을 집중해서 하면 시간을 효율적으로 사용할 수 있다.

EBS 「공부의 왕도」에 출연한 이경빈 학생도 이와 방법으로 공부했다. 경빈 학생은 수업이 끝난 후 쉬는 시간에 책과 노트를 덮고 당시 배웠던 걸 떠올려 검은 펜으로 적었다. 그리고 떠올리지 못한 내용은 책을 보고 빨간 펜으로 보충해 적었다. 그리고 빨간 펜으로 적은 부분을 반복 학습했다.

백지 복습법 2단계

1단계	2단계
기억해서 쓰기	빨간 펜으로 보충하기

수업에서 활용하는 다른 방법으로는 각자 기억해서 쓰게 한 후, 가장 많은 단어를 적은 학생에게 발표를 시킨다. 그리고 발표자가 빠뜨린 내용을 나머지 학생들이 자유롭게 말하게 한다. 여기저기서 빠진 내용이 나오면서 수업 시간에 배운 내용이 모두 망라된다. 짧은 시간에 수업 내용을 계속해서 연상하고 인출하는 효과가 있다.

수업에서 기억해서 쓰기

단권화 기억 노트

학생들은 과목별로 기억 노트를 구분해서 쓰면 효과적이다. 인출 효과뿐만 아니라 지속적으로 새롭게 알게 된 내용을 채울 수 있다. 예를 들어 처음 기억한 내용은 검은 펜, 기억하지 못해 책을 보고 적은 내용은 빨간 펜, 이후 문제지나 모의고사 등을 통해 새로 알게 된 내용은 파란 펜으로 내용을 계속 추가한다. 이렇게 과목별로 기억 노트를 만들면 내신 시험뿐만 아니라 수능 공부까지 연결한 단권화 노트로 활용할 수 있다.

이렇게 기억해서 쓰기 활동을 단권화 노트로 활용하면 2가지 장점이 있다. 첫째, 빠진 내용 없이 촘촘하게 공부할 수 있다. 새로운 내용이나 몰랐던 내용을 계속 추가하면 된다. 둘째, 갈수록 복습 시간이 줄어든다. 처음에는 시간이 걸리지만 나중에는 복습 시간이 훨씬 단축된다.

참고로 학습 코칭 전문가 윤태황의 『잠들어 있는 공부 능력을 깨워라』에 소개된 고승덕 변호사의 단권화 전략을 소개한다. 그는 사법고시 최연소 합격, 행정고시 수석 합격, 외무고시 차석 합격의 경이로운 공부 천재이다.

1. 시중에서 가장 많이 팔리고 인기 있는 책 2권을 산다.
2. 2권 중 한 권을 메인 책, 다른 한 권을 서브 책으로 정한다.
3. 먼저 메인 책을 1회독한다.
4. 메인 책을 공부한 후, 서브 책을 공부하면서 메인 책에 없는 내용을 메인 책으로 옮겨 적는다.
5. 서브 책 공부가 끝나고 나면 메인 책을 추가로 5회독한다.

04 질문하기

정교화 질문 생성 전략

교육과 관련된 77가지 연구 결과를 소개한 『학습과학 77』에서는 '왜'라는 질문의 중요성을 입증하는 연구를 소개한다. 워싱턴대학교 심리학과 마크 맥대니얼(Mark A. McDanie) 교수는 다음과 같이 3개의 집단으로 아이들을 나눈 후 기억을 테스트했다.

A 집단	사실 전달하는 문장 읽기	배고픈 남자가 차에 탔다.
B 집단	문장 읽고 이유 설명 듣기	그는 식당에 가기 위해 차에 탔다.
C 집단	문장 읽고 이유 생각하기	'그는 왜 차에 탄 걸까?'에 답하기

실험 결과 사실을 전달하는 문장만 읽은 아이들은 평균 37%, 설명을 들은 아이들은 평균 35%를 기억했는데, 문장을 읽고 "왜?"라는 질문에 답해야 했던 아이들은 무려 71%를 기억해 냈다. "왜 그런 걸까?" 질문하면서 답을 궁리한 아이들이 훨씬 많은 정보를 기억한 것이다. 이는 질문으로 생각을 자극하는 것이 기억에 효과적임을 입증한다.

심리학에서는 이를 '정교화 질문(elaborative interrogation) 생성 전략'이라고 한다. 이는 글 내용에 대해 "왜?"라는 질문을 적절하게 생성하고 자신의 배경 지식을 활용하여 답하면서 글 내용을 기억하고 이해하는 전략이다. 질문이 호기심을 높여서 새로운 정보를 기존 정보와 연결하고, 이렇게 연결된 새로운 정보는 장기 기억으로 저장된다는 것이다.

질문으로 반추하기

수업에서 교사의 질문은 학생의 이해 여부를 확인하는 좋은 수단이다. 단순한 이해를 넘어서 사고력을 키우고, 문제 해결의 단서를 제공하기도 한다. 한편 학생의 질문 만들기 활동은 배운 내용을 꼼꼼히 읽어 보게 하여 복습 효과가 있다. 아울러 수동적인 공부가 아닌 능동적이고 비판적인 사고를 키울 수 있다.

인지심리학자인 위싱턴대학교 헨리 뢰디거 교수는 『어떻게 공부할 것인가』에서 효과적인 학습을 위해 반추(反芻, reflection) 전략을 제시한다. 이는 스스로 배운 것을 검토하고 자체적으로 질문하는 행동을 말한다. 예를 들어 수업 후에 "핵심 내용이 무엇인가?", "어떤 예가 있을까?", "내가 이미 알고 있는 지식과 어떻게 연결되는가?" 같은 질문을 던질 수 있다. 또한 새로운 지식이나 기술을 연습한 후에는 "어떤 부분이 잘되었는가?", "더 잘될 수 있었던 것은 무엇인가?", "더 능숙해지려면 무엇을 배워야 하는가?", "더 좋은 결과를 얻으려면 다음에는 어떤 전략을 사용해야 하는가?" 등을 질문할 수 있다.

그는 이러한 반추는 몇 가지 인지적 활동을 통해 더욱 강력한 학습으로 이어진다고 주장한다. 이 인지적 활동에 해당하는 것은 인출(최근 배운 지식을 회상하기), 정교화(새로운 지식을 기존의 지식과 연결하기), 생성(핵심 내용을 자기만의 언어로 바꿔서 표현하기)이다. 이처럼 질문은 기억과 사고력을 높이는 가장 좋은 활동이다.

수업 단계별 질문의 효과

교사는 수업의 여러 단계에서 질문을 활용할 수 있다.

첫째, 도입 단계에서 질문을 통해 학생의 호기심을 자극한다. 예를 들어 단원명이나 학습 목표로 질문 만들기 활동이 있다. 또한 질문을 통해 학생이 이미 알고 있는 내용을 끄집어내고, 이를 새롭게 배울 내용과 연결하게 할 수도 있다.

둘째, 전개 단계에서 질문을 통해 수시로 학생들이 아는지, 모르는지, 쉬운지, 어려운지를 확인한다. 이를 통해 교사는 적절하게 수업의 난이도와 방향을 정할 수 있다. 학생의 적절한 피드백은 교사의 수업을 돕는다.

셋째, 정리 단계에서 질문을 통해 학생들이 학습 목표에 도달했는지 확인한다. 학생은 이를 통해 메타인지를 작동하게 된다. 또한 학생들의 '사실 질문' 만들기를 통해 배운 내용을 복습하고, '심화 질문' 만들기를 통해 사고력을 증진하고 지식을 확장한다.

질문은 최고의 수업 전략

다음은 2022학년도 서울대 학생부종합전형 안내서에 소개된 '서울대를 준비하는 후배에게 하고 싶은 이야기'에 실린 내용이다.

> 수업에서 끊임없이 질문했습니다. 한 수업마다 평균 5개 이상의 질문은 항상 했던 것 같습니다. 질문은 배움의 질을 높여 주고 지식을 비판적으로 수용하게 해 줍니다. 또한 질문을 통해 다른 학생들도 몰랐던 것을 같이 알아 갈 수 있습니다. 새로운 것을 쉽게 받아들이지 않으려는 태도가 주입식 교육의 문제로부터 저를 벗어나게 해 주었습니다. 이렇듯 매 수업마다 열정을 쏟아부으면 유연한 사고방식을 갖게 될 뿐만 아니라 실용적인 암기에도 상당한 도움이 됩니다.

수업에서 교사의 질문에 학생이 답하는 것보다 학생이 만든 질문으로 서로 토론하는 것이 바람직하다. 교수를 가르치는 교수인 조벽은『명강의 노하우&노와이』에서 최고의 강의는 교사가 만든 질문에 학생이 답하는 것이 아니라 학생이 한 질문에 다른 학생이 답하도록 유도하는 것이라고 했다. 학생 스스로 만든 질문은 자발성을 끌어내기 때문이다.

인류의 위대한 스승과 현재의 석학들은 질문으로 제자들을 일깨웠다. 소크라테스는 문답법을 통해 스스로 무지를 자각하게 했고, 기독교·유교·불교의 경전에서 성인(聖人)들은 제자들과 묻고 답하는 가운데 진리를 설파했다. 하버드대학교 마이클 샌델 교수도 강의 시간 대부분을 질문에 할애한다. 교수가 묻고 학생이 답하면, 또 다른 질문을 던져서 끊임없이 생각하게 한다. 유대인 교사는 수업에서 "마따호쉐프"라는 말을 가장 자주 한다. "네 생각은 뭐니?"라는 말이다.

4차 산업혁명 시대에 인공지능이 할 수 없는 일은 질문을 던지는 것이다. 5초면 답을 찾을 수 있는 내용을 가르치는 데 수업 시간의 대부분을 할애할 것이 아니라, 학생들의 질문 능력을 키우는 것이 중요하다. 따라서 교사는 학생의 메타인지와 사고력을 자극하는 질문을 던지고, 나아가 학생들이 스스로 질문하도록 수업을 설계해야 한다.

05 테스트하기

시험 효과

인지심리학자들은 시험을 잘 보기 위해서 공부하는 것이 아니라, 공부를 잘하기 위해 시험을 많이 봐야 한다고 주장한다. 리사 손 교수도 수업에서 학생들이 얼마나 알고 있는가를 확인할 기회를 계속 주어야 한다고 강조한다. 그녀는 강의하면서 수시로 학생을 테스트한다. 배운 내용을 설명하게 하고, 빈 칠판에 자신이 아는 내용을 적게 한다.

인지심리학에 '시험 효과(testing effect)'라는 용어가 있다. 단순한 반복 학습보다 시험을 통한 인출 연습이 훨씬 탄탄한 학습으로 이어진다는 것이다. 시험을 치기 위해 온갖 힘을 다해 기억에서 끄집어내는 것이 장기 기억에 도움을 주기 때문이다.

『어떻게 공부할 것인가』에서는 수업 시간에 한 번만 시험을 보아도 시험 점수가 향상될 수 있으며, 학습자의 이득은 시험의 횟수에 따라 증가한다고 한다. 공부 후 시험을 보지 않고 시간이 지나면 계속해서 망각이 일어났지만, 일단 시험을 보고 나면 망각이 잘 일어나지 않는다. 공부 직후에 보는 시험이 기억을 오래 붙드는 역할을 하는 것이다.

이를 입증하는 연구 결과가 『사이언스』지에 실린 적이 있다. (Karpicket and Roediger, 2008) 두 집단에 처음 보는 스와힐리어 단어 40개를 주고 같은 시간 동안 공부하게 했는데, 한 집단은 단어를 계속 반복해서 공부하게 하고, 한 집단은 반복해서 시험을 치게 했다. 일주일 후 시험을 본 결과, 반복적으로 공부한 학생들은 약 34%만 기억했다. 반면에 반복적으로 시험을 친 학생들은 약 80%나 기억하고 있었다. 단순 반복 암기보다 반복적인 시험이 기억에 훨씬 효과적이라는 것이다.

테스트의 학습 효과

수업 시간에 배운 내용을 확인하는 테스트는 다음 2가지 이유로 학습 효과를 높인다.

첫째, 장기 기억에 도움을 준다. 시험은 공부한 내용을 강제로 인출한다. 시험은 누구에게나 스트레스를 주는 활동이다. 또한 시험 치는 동안 집중력을 최대한 발휘한다. 기억 창고의 저편에 가라앉은 작은 파편이라도 끄집어내기 위해 애쓴다. 그렇게 인출한 기억은 쉽게 잊히지 않는다. 힘들게 인출한 정보일수록 잊는 것도 힘들기 때문이다.

둘째, 모르는 내용을 알게 한다. 메타인지가 작동하는 것이다. 중요한 시험을 치기 전에 문제집을 보거나 모의고사를 치는 이유는 100점을 맞기 위해서가 아니다. 제대로 공부했는가를 확인하기 위해서이다. 시험은 틀리거나 헷갈린 내용을 다시 공부하게 한다. 알고 있는 내용에 대해서는 기억을 단단하게 하고, 모르는 내용은 공부해서 채우게 한다.

수업 지도안에 '형성 평가' 항목이 포함되어 있다. 형성 평가는 교수, 학습이 진행되는 과정에서 그간에 학생의 학습된 정도를 점검하기 위해 실시한다. 이는 금방 배운 내용을 실전에 바로 적용하게 하여, 학습 효과를 높이고 미심한 내용은 바로 보완하게 한다.

하지만 실제 수업에서 실행하지 않는 경우가 많다. 필자는 형성평가로 수능 기출이나 모의고사에서 한 문제 정도 제시한다. 막상 오늘 배운 내용에서 어떻게 수능 문제로 나왔는지 알게 하는 것만으로도 학생들의 의욕을 높일 수 있다. 그날 수업에서 어떤 내용이 가장 중요한 내용인지 알게 하는 효과도 있다.

학교 현장에서는 수업할 때 진도 때문에 너무 많은 것을 포기한다. 그런데 막상 진도 나가는 동안 학습과 상관없는 내용으로 시간을 채우기도 한다. 이는 EBS의 유명 강사도 마찬가지이다. 실제 내용만으로 수업 시간을 모두 채울 수는 없다. 학생의 집중력도 이를 따라올 수 없다. 교사가 말하는 시간을 줄이면 다양한 활동으로 생각을 자극하고, 제대로 배웠는지 테스트할 수 있다.

토론과 논술

토론과 논술의 메타인지 효과

토론과 논술은 지식을 활용하여 자기 생각과 연결하고 이를 말이나 글로 표현하여 주장하는 활동이다. 수업을 듣고 내용을 기억하는 공부보다 훨씬 뇌를 활발하게 하는 활동이다. 이는 다음과 같은 3단계를 거치면서 매 단계마다 높은 메타인지 능력을 요구한다.

첫째, 인출 단계이다. 주제와 관련하여 배운 내용을 기억에서 꺼내는 단계이다. 주제를 주면 뇌의 작업장에는 기존에 알던 지식과 새롭게 배운 지식이 모두 출동한다. 예를 들어 사형제에 대한 찬반 논술을 한다면 기존에 알고 있던 흉악 범죄나 관련 영화 등을 떠올린다. 그리고 윤리 수업에서 배운 칸트나 베카리아의 사상을 인출하고 주제와 연결한다. 이 과정에서 지식의 정교화가 이루어진다.

둘째, 자기 입장을 정하는 단계이다. 인출한 지식 가운데 선별하여 입장을 정하는 것이다. 예를 들어 사형제에 대한 찬반 입장을 정한다면 인간 존엄성 훼손에 대한 보복 수단으로 사형제에 찬성하는 칸트 사상과, 생명권 양도 불가와 사형의 유용성에 의심을 하는 베카리아 사상을 비교 분석한다. 이를 바탕으로 누구의 사상이 기존에 갖고 있던 자기의 신념과 일치하는지 연결하여 입장을 정하게 된다. 이 과정에서 배운 지식을 통합적으로 이해하고 분석하는 활동이 이루어진다.

셋째, 자신의 언어로 표현하는 단계이다. 배운 지식을 바탕으로 신념을 더한 입장을 정하여 자신의 말이나 글로 표현하는 것이다. 상대방을 설득하고, 때로는 상대방에 반박하기 위해, 그 가운데 논리적 일관성을 유지하기 위해 노력한다. 이 과정에서 자신의 지식과 경험을 총출동시킨다.

토론과 논술의 메타인지 효과

인출하기	입장 정하기	표현하기

배운 지식 활용하기

이처럼 토론과 논술은 지식과 신념을 연결하여 자신의 입장을 정하고 상대를 설득하는 활동이다. 필자는 토론과 논술 수업에서 배운 지식을 근거로 자기 입장을 정당화하라고 한다. 예를 들어 사형제에 대해 논술을 한다면 2가지 근거를 쓰게 하고 그중 1개 이상은 반드시 수업에서 배운 사상가의 내용을 활용하게 한다. 그래야 배운 내용을 인출하게 되고, 이를 자기 생각과 연결하기 때문이다. 만약 자기 생각만으로 토론이나 논술을 한다면 썰에 불과할 가능성이 크다. 하지만 교과서의 사상이나 이론을 자기 생각과 연결한다면 근거의 수준과 객관성을 높일 수 있다.

진학전문가인 배영준 교사는 『자신만만 학생부 세특 족보 세트』에서 생활과 윤리 과목으로 10년 동안의 세부능력 빛 특기사항이 변화된 과정을 보여 준다. 최상의 학생부는 바로 수업 시간에 배운 지식을 활용하여 자기 생각과 연결한 활동을 하는 것이다. 이는 토론과 논술에서 특히 중요시된다.

10년 전 학생부	바르고 적극적인 수업 태도로 타의 모범이 되며 학업 능력이 우수한 학생임
교사 작문 실력 2012년 학생부	논리력과 창의력을 키우며 성실하게 수업에 참여하여 윤리 의식이 강하고, 민주시민임을 느끼게 하는 학생임
수업을 보여 주는 2016년 학생부	생명과 윤리 단원을 학습하며 사회적, 경제적 사유에 의한 낙태 허용 여부를 토론함
전공 적합성 2016년 학생부	생명과 윤리 단원을 학습하며 동물 실험과 동물의 권리 문제에 관한 고민을 담은 수행평가 보고서를 작성함
학생 수준 보인 최상의 학생부	사회적, 경제적 사유에 의한 낙태 허용 여부를 칸트의 의무론과 아퀴나스의 자연법 사상의 관점에서 발표함

토론과 논술을 연계한 수업

필자는 한 학기에 한 번은 토론과 논술을 연계한 수업을 한다. 예를 들어 1학기에는 행복 단원에서 '부유한 국가일수록 더 행복한가?', 2학기 정의 단원에서 '부자에게 더 많은 세금은 정당한가?'라는 논제로 토론을 한 후 논술을 쓰게 한다. 그리고 이를 과정 중심 평가에 반영한다.

행복 단원에서는 이스털린과 스티븐슨의 다른 입장을, 정의 단원에서는 롤스와 노직의 다른 사상을 근거 정당화 자료로 활용하게 한다. 이렇게 배운 내용을 단순히 암기하는 활동을 넘어 자기 신념과 연결하여 말과 글로 표현하게 하는 활동은 가장 고차원적이고 종합적인 인지 활동이라 할 수 있다. 수업 흐름은 다음과 같다.

1차시	・찬반 사상가 입장 요약하기 ・근거 만들기 하브루타
2차시	・전체 토론 ・최종 입장 정하기
3차시	・툴민의 6단 논법 안내 ・논술문 쓰기

다음은 '부자에게 더 많은 세금은 정당한가?'라는 논제에 대해 학생이 쓴 논술문 사례이다.

현대 사회에 들어서면서 빈부격차가 심해지고 있다. 이를 해결하기 위해 부자에게 더 많은 세금을 부과해야 한다는 주장이 논란이 되고 있다. 특히 코로나 팬데믹으로 인해 나라와 개인의 빚이 천문학적으로 커지면서 이러한 주장이 더욱 힘을 얻고 있다. 찬성 측은 최소수혜자의 최대 이익을, 반대 측은 개인의 소유 권리 보장을 근거로 제시하며 서로 대립하고 있다. 이에 대해 나는 '복지를 위해 부자에게 더 많은 세금이 부과되어야 한다.'에 찬성한다.

왜냐하면 사회 약자인 최소수혜자들에게 인간다운 삶을 보장할 수 있기 때문이다. 부자는 지금보다 더 많은 세금을 내더라도 인간다운 삶을 살 수 있다. 하지만 최소수혜자는 국가의 복지 혜택 없이는 기본권을 누리기 어렵다. 이는 롤스가 주장한 정의 2원칙인 차등의 원칙을 통해 뒷받침할 수 있다. 롤스는 최소수혜자에게 최대 이익이 되는 분배 원칙을 강조했다. 아울러 최대수혜자의 우연성에 따른 자산은 사회 모두의 공유 재산으로 여기고, 이는 최소수혜자에게 돌아갈 때 정의롭다고 주장한다.

노직은 복지를 위해 부자에게 더 많은 세금을 부과하는 것은 소유 권리를 침해한다고 주장한다. 그러나 부자가 세금으로 내는 돈은 부자의 삶에는 어느 정도 영향을 미친다고 하더라도 가난한 사람에게는 생명이 될 수도 있다. 즉 부자에게 세금은 감당할 수 있는 범위이며, 누구도 감당할 수 없는 범위의 세금을 요구하지는 않는다. 모든 부자에게 빌 게이츠 같은 자선을 기대할 수는 없다. 그렇다면 국가를 통해 자신의 재산에 따라 세금을 부과하고, 이를 사회 약자의 복지를 위해 사용한다면 사회 전체의 이익에도 부합하는 일이다.

이 학생은 롤스의 사상을 근거로 활용하여 주장을 정당화하고 있다. 또한 예상 반론으로 소유권리론을 주장하는 노직의 사상을 제시한 후, 자신의 생각으로 재반박하고 있다. 이렇게 수업에서 배운 내용으로 토론과 논술을 하게 하면 그 사상가의 내용은 쉽게 잊히지 않는다. 무엇보다 배움과 삶을 서로 연결하게 된다.

다음은 세특 기록 사례이다.

정의와 불평등 단원에서 '복지를 위해 부자에게 더 많은 세금은 정당한가?'에 대해 토론과 논술 활동을 함. 입론 발표자로 나서 롤스의 최소수혜자의 최대이익을 바탕으로 찬성 주장을 함. 이후 반대편의 반론에도 교과 지식을 활용하여 논리적으로 재반박하는 모습을 보임. 근거 제시 때 관련 사상가의 내용과 자기 생각을 연결하여 근거의 수준을 높임. 논술문에서 양극화 해소를 근거로 제시하며, 노직의 소유 권리론에 대해 롤스의 차등의 원칙을 이용하여 비판함. 논술 활동을 통해 툴민의 글쓰기 6단 논법, 두괄식 표현, 짧은 이유 문장과 구체적 사례 제시를 통해 첨삭할 내용이 거의 없을 정도의 우수한 글쓰기를 함. 하브루타 토론을 통해 질문의 중요성을 깨닫고, 주입식이 아닌 학생끼리 질문하고 해답을 찾아가면서 생각 폭을 넓혀 가는 교육 방식의 중요성을 깨달았다는 발표를 함.

07 프로젝트 수업

삶과 연결하는 프로젝트 수업

프로젝트 수업(project based learning)은 교과서 중심, 교사 주도, 지식 전달식 수업에서 벗어난 학습자 중심의 수업으로 "교육은 실제 생활에서 이루어져야 하고, 이는 사회를 살아가는 데 도움이 되어야 한다."는 듀이의 철학에 바탕하고 있다.

PBL을 연구하는 미국의 교육 단체인 벅교육협회(BIE : Buck Institute for Education) 회원인 수지 보스(Suzie Boss)는 『서울 교육』과의 인터뷰에서 다음과 같이 말했다.

"PBL은 '실제적으로 무언가 함으로써 배운다.(Learn by doing)'라는 개념에 뿌리를 두고 있습니다. 학생들은 개방형 질문에 대한 답을 탐구하고, 선행지식 위에 쌓아 가고, 문제를 해결하기 위해 자신이 이해한 것을 적용해 보는 방식으로 의미를 창출하거나 무언가 독창적인 것을 만들어 냅니다."

이는 서울대학교 교육학과 조용환 교수가 『교육다운 교육』에서 PBL에 대해 정의한 '학생들의 관심과 문제를 질문 형태로 구체화하고 그 답을 찾아가도록 안내하는 연구 형태의 수업'과 일맥상통한다. 조용환 교수는 프로젝트의 어원은 'pro(forward)'와 'jet(throw)'의 합성어로 속에 있어 볼 수 없고 알 수 없는 것을 밖으로 이끌어 볼 수 있고 알 수 있게 하는 것이 'project'라고 설명한다.

『프로젝트 수업, 교육과정을 만나다』에서는 "프로젝트 학습이란 학습자가 스스로 문제를 찾아내고 해결 방안을 기획하며 협력적인 조사 탐구를 통해 과제를 해결하고 결과를 공유하는 일련의 과정에서 배움이 일어나는 수업 형태이다."라고 정의한다.

네이버 영한사전에서는 project를 '학교에서 한 주제에 대해 어느 정도 기간에 걸쳐 세심히 해야 하는 것'이라고 소개하고 있다.

이러한 여러 정의를 종합한 결과, 프로젝트 수업을 '학교 수업 시간에 주제나 문제 상황에 대하여 교과 지식을 바탕으로 여러 활동을 통해 탐구한 후, 이를 다양하게 표현하는 가운데 배움이 일어나는 수업'으로 정의하고자 한다.

프로젝트 수업은 메타인지를 높이고 지식을 확장하는 최고 형태의 수업이다. 왜냐하면 탐구 과정에서 시행착오를 겪고 다양한 경험을 하게 된다. 또한 단순한 지식의 인출이 아닌, 지식을 활용하여 이를 다양한 형태로 표현하고, 문제를 해결하는 수업이기 때문이다.

최근 지식을 활용하여 다양한 사회 문제를 해결하는 중요성이 증가함에 따라 프로젝트 수업에 대한 요구가 커지고 있다. 4차 산업혁명 시대에 문제를 해결하고 배운 내용을 실생활에 연결하는 프로젝트 수업은 선택이 아니고 필수이다. 많은 교사는 프로젝트 수업이 어렵다고 생각한다. 또한 내 수업이 프로젝트 수업이 맞는가에 대해 고민하는 교사도 있다. 하지만 수업의 정의나 형태보다 더 중요한 것은 학생들이 강의 위주의 수동적 수업에서 벗어나 수업 시간에 배운 지식과 삶의 경험을 연계하여 의미 있는 활동을 한다는 것이다.

프로젝트 수업 구성의 4요소

프로젝트 수업은 다음 4가지 요소로 구성된다.

첫째, 주제 혹은 문제 상황이다. 주어진 혹은 선택한 주제나 문제 상황이 있어야 한다. 주제에 관해 탐구하거나, 문제 상황을 해결하는 것이 프로젝트 수업의 목적이다.

둘째, 교실에서의 학생 활동이다. 발표만 수업 시간에 하고 활동 대부분을 수업 이외의 시간에 한다면 그것은 프로젝트이지 프로젝트 수업이 아니다. 예를 들어 UCC로 표현하는 활동을 한다면, UCC를 수업 이외의 시간에 만드는 경우가 많다. 따라서 수업 시간에 학생이 참여하고 탐구하는 활동 시간을 보장해야 한다.

셋째, 교과 지식이다. 모든 활동은 기본적으로 교육과정에 포함된 교과 지식에 바탕을 두어야 한다. 수업에서 배운 지식을 활용하여 더 깊이 있는 탐구 활동을 하고, 문제 상황을 해결해야 한다. 자기 생각만으로 결과를 도출한다면 수업이 아닌 활동에 불과하다.

넷째, 결과물 산출이다. 텍스트, 그림, 동영상, 프레젠테이션, 전시물, 공연 등 다양하게 표현할 수 있다. 이는 개별 활동도 있고, 협동의 결과물도 있다.

산출물의 종류

구분	내용
텍스트	논술, 에세이, 편지, 성찰일기, 계획서, 보고서, 시나리오
그림	포스터, 4컷 만화, 인포그래픽
동영상	UCC, 유튜브
프레젠테이션	파워포인트, 프레지
전시물	역사신문, 창작물, 전지
공연	뮤지컬, 연극, 역할극, 모의재판, 연주, 노래

프로젝트 수업의 4요소

| 주제 선정 문제 상황 | 학생 활동 참여 수업 | 교과 지식 | 결과 산출 |

프로젝트 수업 주제 유형

프로젝트 수업에서 가장 먼저 할 일은 주제 선정이다. 이는 가장 어려운 일이기도 하다. 왜냐하면 학생의 흥미와 참여를 끌어내는 가장 중요한 요소이기 때문이다. 교과서의 목차를 살펴보고 학생들이 관심과 흥미를 가질 만한 주제, 사회 문제나 삶과 연결할 수 있는 주제, 더 나은 세상을 위해 고민하고 실천하게 하는 주제를 선정하는 것이 바람직하다.

교육부 중앙교육연수원의 온라인 연수인 「융합형 프로젝트 학습의 설계와 운영」에서는 프로젝트 수업 주제 유형으로 5가지를 제시한다.

첫째, 실생활 문제 해결형이다. 개인을 비롯한 학교, 사회 등의 공동체 문제 해결이 여기에 해당한다. 기후나 환경 같은 지구촌 문제 해결을 위한 주제는 다양한 교과에서 가능하며, 융합 수업의 주제로도 적합하다.

둘째, 디자인 챌린지형이다. 산출물로 구체적인 모형이나 제품을 만드는 것이다. 제품을 설계하고 디자인하는 모든 과정이 포함된다. 인포그래픽이나 그림으로도 표현할 수 있으며, 제안서나 계획서를 만드는 것도 해당한다.

셋째, 공연 및 발표형이다. 학생들이 직접 연습한 활동을 공연하거나, 준비한 내용을 발표하는 것이다. 뮤지컬, 연극, 모의재판 등의 공연 활동이나, 낭송회 및 파워포인트 등을 활용한 발표 등이 해당한다.

넷째, 조사 및 연구형이다. 주제에 대해 자료 수집(검색, 논문, 독서 등), 설문, 실험 등의 방법을 통해 조사하고 연구하는 것이다. 사회나 과학 과목에서 많이 사용하며 탐구 보고서, 실험 보고서 등이 해당한다.

다섯째, 개념 및 가치 판단형이다. 개념을 학습하여 다양한 방법으로 표현하거나, 사회 쟁점이 되는 주제에 대해 자기 입장을 정하여 표현하는 것이다. 토론이나 논술문 작성 등이 해당한다.

실제로 프로젝트 수업에서는 이러한 유형이 명확히 구분되지 않고, 여러 가지가 함께 사용되는 경우가 많다. 문제나 주제를 어떻게 표현하느냐에 따라 2가지 이상의 유형을 포함하기 때문이다. 예를 들어 '플라스틱 쓰레기 줄이기 프로젝트'를 하면서 인포그래픽으로 산출물을 만들어 발표하게 하면 실생활 문제 해결형과 디자인 챌린지형, 공연 및 발표형이 혼합된 프로젝트 수업이 된다. 하지만 이러한 유형 구분은 교사들이 프로젝트 수업의 주제를 정하는 데 아이디어를 줄 수 있다.

프로젝트 수업 주제 유형

유형	사례
실생활 문제 해결형	학교 및 지역 사회 문제, 환경 및 기후
디자인 챌린지형	모형이나 제품 제작, 인포그래픽, 그림, 제안서, 계획서
공연 및 발표형	뮤지컬, 연극, 모의재판, 낭송회, 프레젠테이션
조사 및 연구형	탐구 보고서, 실험 보고서
개념 및 가치 판단형	학습 개념의 다양한 표현, 토론과 논술

프로젝트 수업 설계와 절차

프로젝트 수업은 수업 준비, 수업 설계, 탐구 활동, 산출물 완성 및 발표의 4단계로 진행된다.

■ 1단계 : 수업 준비

성취 기준 분석 : 교과의 성취 기준을 분석, 목표 설정하기

주제 선정 : 프로젝트 수업을 위한 주제 선정

산출물 유형 정하기

■ 2단계 : 수업 설계

교육과정 재구성 : 3차시 이상 수업 시간 확보, 내용 재구성

백워드 수업 설계 : 평가 계획 수립, 차시별 수업 설계

수업 안내문 작성

■ 3단계 : 수행하기

세부 주제 선정 : 개인별 혹은 모둠별 세부 주제 선정

자료 제공 : 핵심 지식 강의, 활동지 제공

탐구 활동 : 토의·토론, 자료 검색, 독서 활동, 시나리오 작성

산출물 제작 : 구체적인 산출물 제작, 발표 연습

■ 4단계 : 산출물 및 발표

산출물 완성 및 발표 : 산출물 공유, 전체 발표, SNS 확산

피드백 : 동료 피드백, 교사 피드백

성찰 일기 : 새롭게 배우고 느낀 점, 더 알고 싶은 점, 자기 역할, 아쉬운 점

과정 중심 평가 : 개별 평가, 동료 평가, 교사 평가

과목별 세부능력 및 특기사항 기록 : 수업 내용 소개, 학생의 주도적 활동, 수업 내용과 학생 활동 연결, 관찰 결과

프로젝트 수업 절차

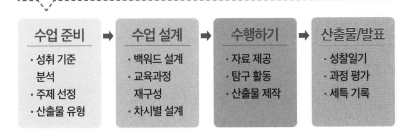

교육과정 재구성

프로젝트 수업을 위해서는 교육과정을 재구성해야 하는 경우가 많다. 왜냐하면 프로젝트 수행을 위한 적절한 시수 확보와 교과서 내용 재구성이 필요하기 때문이다. 보통 3~5시간 정도가 필요하며, 어떨 때

는 10시간 가까이 활동하는 수업도 있다. 이를 위해서 교사는 학기 초에 수업 설계를 하고 시간을 확보해야 한다. 프로젝트 수업은 3개월 정도 진도가 나간 후인 6월이나 11월이 적당하다.

교육과정 재구성은 국가 수준 교육과정의 목표를 달성하기 위해 내용을 적절하게 재조직하는 것을 말한다. 이는 교사 입장에서 교과서 진도대로 가르치는 것이 아니라, 상황에 따라 내용을 추가하거나 축소, 대체하는 것을 의미한다. 프로젝트 수업을 위한 교육과정 재구성의 유형은 다음과 같다.

첫째, 내용 전개 순서를 바꾼다. 주제의 특성을 고려하여 교과서의 흩어진 내용을 한꺼번에 모으는 것이 대표적이다. 예를 들어 생활과 윤리 교과의 안락사 단원에서 관계있는 사상가인 칸트나 벤담이 나오는 단원을 연결한다.

둘째, 내용을 추가한다. 효과적인 목표 달성을 위해 필요한 내용을 더하는 것이다. 예를 들어 통합사회 정의와 불평등 단원에서 마이클 샌델의 『정의란 무엇인가』에 나오는 예시를 가져와 수업 내용과 연결한다. 또한 낙태 단원에서 피임법 조사 활동을 하는 것도 여기에 포함된다.

셋째, 내용을 줄이거나 생략한다. 일부 내용을 보다 집중적으로 다루기 위해 다소 덜 중요한 내용을 줄이거나, 중복된 내용은 생략하는 것이다. 예를 들어 교과서 내용의 일부를 다루지 않을 수 있다.

넷째, 내용을 대체한다. 교과서 내용의 일부 혹은 다루어지는 사례가 부적절하다고 판단하여 이를 다른 내용으로 바꾸는 것이다. 예를 들어 통합사회 교과에서 통합적 관점의 사례로 천재교육 교과서에는 커피가 나오는데, 이를 미래엔 교과서의 고령화로 바꾼다.

다섯째, 타교과와 통합한다. 교사 협의를 통해 주제와 관련한 각 교과의 내용을 통합하여 구성하거나, 교과별 유사 주제를 하나의 프로젝트 과제로 재구성하는 것이다. 예를 들어 교과 융합 수업의 경우 여기에 해당한다. 기후 변화, 공동체 등을 주제로 융합 수업을 할 경우 교과의 특성에 맞게 진행할 수 있다.

교사는 단순히 교과서를 진도대로 가르친다는 생각보다 국가 수준 교육과정에서 성취하고자 하는 목표를 분석하여, 이를 효과적으로 달성하기 위해 다양한 방법으로 교육과정을 재구성하여 수업을 설계할 필요가 있다.

백워드 수업 설계

프로젝트 수업을 하려면 평가 계획을 먼저 수립한 후 수업 설계를 하는 백워드(backward) 수업 설계를 해야 한다. 보통 수업을 먼저 한 후 수업 내용을 얼마나 알고 있는지를 평가한다. 하지만 프로젝트 수업은 성취 기준에 부합하는 결과물 산출을 전제하므로 어떤 결과물을 만들게 할 것인가를 먼저 정해야 한다. 그 과정과 결과물은 수행평가 대상이 된다. 위긴스와 맥타이(Wiggins & McTighe)에 의해 제시된 백워드 수업 절차는 다음과 같다.

■ 1단계 : 목표 설정
- 국가 수준의 성취 기준을 분석하여 목표를 설정한다.
- 바라는 결과는 무엇인가?
- 학생들이 무엇을 알아야 하고, 무엇을 할 수 있어야 하는가?

■ 2단계 : 평가 계획
  - 수행평가 방법을 정하고, 평가 기준(루브릭)을 마련한다.
  - 결과를 학생들이 성취했는지 어떻게 알 수 있을까?
  - 학생들이 목표를 성취했는지를 어떻게 평가할 것인가?
■ 3단계 : 수업 설계
  - 목표를 달성하도록 구체적인 수업 설계를 한다.
  - 바라는 결과를 위해 필요한 지식은 무엇인가?
  - 어떠한 활동과 경험이 필요한가?

백워드 수업 설계 절차

이처럼 백워드 수업 설계는 학생이 도달할 성취 기준을 알고, 이에 도달 여부를 확인하는 평가 계획을 수립한 후 수업을 설계한다. 즉 평가는 핵심 내용과 수업 활동의 연결고리 역할을 하는 것이다. 따라서 지식 전달 위주의 수업이 아닌, 수업 활동 중에 학생의 역량을 평가하는 과정 중심 평가에 적합하다. 아울러 교과서와 진도 위주의 수업에서 벗어나 교육과정과 역량 중심의 수업을 할 수 있다.

프로젝트 수업 설계의 구성 요소

자신의 프로젝트 수업이 제대로 설계되고 운영되었는가를 점검하기 위해 프로젝트 수업 설계의 구성 요소를 살펴볼 필요가 있다. 미국의 벅교육협회에서는 다음과 같이 프로젝트 수업 설계의 필수 요소를 제시한다. 물론 이는 가장 바람직한 형태의 프로젝트 수업이므로 모두 충족하기는 쉽지 않지만 스스로 자신의 프로젝트 수업을 점검하는 도구로 적절하다. 자료는 티처빌 원격연수원에서 운영하는 「프로젝트 수업, 어디까지 해봤니?」에서 가져왔다.

이 프로젝트가 다음 조건을 만족시키는가?	YES	NO
1. 핵심 지식, 역량 성취 기준에 근거한 핵심 지식과 비판적 사고력, 문제해결 능력, 협업 능력, 자기 관리 능력과 같은 역량을 기르는 데 중점을 두고 있는가?		
2. 도전적 문제 또는 질문 해결할 만한 가치가 있는 문제나 질문에 바탕을 두고 있으며 학생 수준에 적절한 문제나 질문으로 시작하는가?		
3. 지속적 탐구 다양한 자원을 활용하여 탐구하고 자신만의 답을 만들어 나갈 수 있도록 지속적으로 학생들을 자극하는 프로젝트인가?		
4. 실제성 실생활 맥락을 가지고 실제적인 과정과 도구를 사용하며 실제적인 영향, 학생 고민, 관심, 정체성과 연관이 있는가?		
5. 학생 의사와 선택 학생들이 결과물 제작, 프로젝트 진행 방법, 시간 사용에 대해 선택할 수 있도록 해 주며 필요한 경우 교사의 적절한 지도가 있는가?		

6. 성찰 학생들에게 자신이 무엇을 어떻게 학습하는지와 프로젝트 설계와 적용에 대해 성찰할 기회를 제공하는가?		
7. 비평과 개선 학생들이 자신의 프로젝트에 대해 피드백을 주고받을 수 있는 과정을 제공하고 아이디어나 프로젝트를 개선하거나, 추가적인 탐구를 이어나갈 수 있도록 하는가?		
8. 공개할 결과물 학생들이 만든 결과물이 청중에게 공개되거나 제공되는가?		

교과 융합 프로젝트 수업

프로젝트 수업은 교과 간의 융합 수업 형태로 이루어질 때 더 큰 힘을 발휘할 수 있다. 미래사회는 창의적인 인재를 요구한다. 창의적 인재는 다양한 지식을 융합하여 새로운 가치를 창출하는 사람이다. 스티브 잡스는 기술과 디자인을 융합하여 세계인을 사로잡은 제품을 만들었다.

교과 융합 프로젝트 수업은 2개 이상의 교과가 협동하여 운영한다. 이는 다양한 과목이 융합하여 하나의 주제를 탐구하고, 문제를 해결하는 활동하는 '주제 중심'으로 이루어진다. 교과별로 주제와 관련한 활동과 평가를 따로 하면서 다양하게 주제에 접근할 수도 있고, 교과별 활동을 바탕으로 하나의 최종 결과물을 산출할 수도 있다. 교과 융합 프로젝트 수업은 다음과 같은 순서로 이루어진다.

첫째, 큰 주제를 선정한다. 공동체, 기후와 환경, 차별과 평등, 생명 존중 등 다양한 교과에서 함께 다루는 주제가 적당하다. 또는 『허생전』

같은 문학 작품이나 영화, 역사적 사건 등을 중심으로 다양한 과목에서 관련 내용을 도출하여 다룰 수도 있다.

둘째, 평가 계획을 수립한다. 교과 융합 수업도 백워드 수업 설계가 바람직하다. 주제와 관련한 성취 기준을 어떻게 확인할 것인가에 대한 평가 방법을 정한다. 교과별로 별도 평가를 할 수도 있고, 전체적으로 하나의 평가를 할 수도 있다.

셋째, 교과별로 수업 설계를 한다. 평가 계획을 고려하여 수업에서 구현할 구체적인 학생 활동 내용을 결정한다. 각 교과의 특성에 맞게 설계하면 된다.

융합 프로젝트 수업 절차

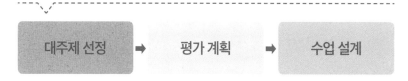

이러한 교과 융합 프로젝트 수업은 다양한 지식을 연결하고 조직화하면서 창의력과 문제 해결력을 높인다. 스티브 잡스는 창의성은 연결이라고 말했다. 21세기의 가장 혁신적인 제품인 아이폰도 기존의 다양한 기기를 통합하여 하나에 연결한 것이다. 교과 간의 지식을 연결하여 탐구하고 문제를 해결하는 가운데 4차 산업혁명 시대에 필요한 창의·융합형 인재를 양성할 수 있다.

과목별 세부능력 및 특기사항

프로젝트 수업의 가장 큰 장점은 과목별 세부능력 및 특기사항에서 학생의 역량을 보여 줄 수 있다는 점이다. 진학전문가 배영준 교사는 세특의 위계를 다음과 같이 구분한다.

- 최하위 학생 세특

  학생이 수업에 어떻게 참여했는지 태도와 활동만 보여 주는 세특

- 지식 습득을 보여 주는 세특

  학생이 수업 시간에 무엇을 배웠는지 지식을 습득한 경험만 보여 주는 세특

- 학생의 성취도를 보여 주는 세특

  단순히 학습했다는 경험이 아니고 학습한 지식을 어느 정도까지 이해하고 있는지 보여 주는 세특

- 상위권 학생 세특

  단순한 지식의 이해가 아니고 학습한 지식을 어떻게 활용(적용)했는지 문제해결 능력을 보여 주는 세특

- 최상위 학생 세특

  이전에 습득한 지식을 학습한 과목에 융합시켜 새로운 결과물을 생산하는 인재임을 보여 주는 세특

이를 통해 상위권과 최상위권 학생 세특의 특징은 단순히 지식의 습득과 이해 여부가 아니라 지식을 활용하고 새로운 결과를 생산하는 활동이 포함되었음을 알 수 있다. 이것은 프로젝트 수업을 통해 가장 잘 이루어진다.

과학고나 자사고 학생이 좋은 입시 성적을 거두는 이유는 물론 우수한 성적 때문이지만, 학교에서 이루어지는 다양한 탐구 활동과 프로젝트 수업을 통해 역량을 발휘하는 기회가 많기 때문이다. 그러한 활동은 학교생활기록부에 자세히 기록된다. 이른바 교수평기(교육과정-수업-평가-기록)가 일체화되기 때문이다.

프로젝드 수업을 통해 학생 활동을 세특으로 기록할 때 중요한 것은 활동이 교과 지식과 연결되어야 한다는 점이다. 토론할 때는 주장의 근거를 교과 지식에 바탕을 두고 자기 생각과 연결해야 한다. 보고서나 논술을 쓸 때도 수업에서 배운 지식을 확장하는 내용이어야 한다. 수업에 바탕을 두지 않은 활동은 세특으로서의 의미가 없다. 세특은 어디까지나 수업에서 학생의 특기사항을 적는 것이기 때문이다. 또한 학생의 자기주도적 노력 과정을 포함하고, 활동을 통한 성장이 드러나야 바람직하다. 이러한 과정을 진로와 연계한다면 바랄 나위가 없다.

세특에 포함해야 할 내용

교과 지식과 연결	자기주도적 노력	성장	진로와 연결

Chapter 2
메타인지를 높이는 수업 활동

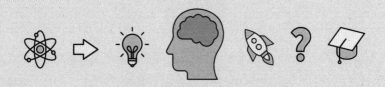

하브루타

하브루타의 설명하기는
자기 평가 능력을 키우는 가장 좋은 방법이고,
질문하기는 자기 조절 능력을 점검하는 최고의 방법이다.

- 이성일, 『하브루타 4단계 공부법』

01 질문 하브루타

질문 하브루타는 수업에서 배운 내용으로 질문을 만들고 짝 활동과 모둠 활동을 통해 질문에 대해 서로의 생각을 나누고, 토론하는 활동이다. 필자의 수업에서 가장 많이 활용하는 활동으로 다음 2가지 장점이 있다.

첫째, 질문을 만드는 과정에서 자연스럽게 복습 활동이 이루어진다. 교과서를 통해 정답을 알 수 있는 사실 질문을 만들기 위해서는 책을 꼼꼼히 읽게 된다. 또한 정답이 없는 심화 질문을 만드는 과정에서 능동적이고 비판적인 읽기를 하게 된다.

둘째, 만든 질문으로 친구와 생각을 나누면서 토론 능력이 향상한다. 경청하면서 친구 의견에 공감하고, 때로는 친구와 다른 생각을 나누면서 의사소통 능력을 키운다. 그 가운데 비판적 사고력과 창의력을 키울 수 있다.

질문 하브루타 장점

질문 만들기		하브루타 토론
·복습 활동 ·능동적 읽기 ·비판적 읽기	**+**	·경청하기 ·생각 나누기 ·의사소통 능력

다양한 과목에서의 질문 하브루타

암기 위주의 공부에서 벗어나 질문을 만드는 과정을 통해 학생들은 깊이 있게 교재를 읽거나, 주의 깊게 사물을 관찰하게 된다. 윤리 시간 등 사상가나 인물이 나오는 단원에서 효과가 크다. 단순히 사상가의 주장을 암기하는 것이 아니라 사상에 대해 질문하는 과정에서 철학적 사고와 비판적 사고를 하게 된다.

국어 시간에 시나 소설을 읽고 질문을 만들면서 작가나 등장인물과의 대화가 가능하다. 수학 시간에는 단순한 문제 풀이가 아닌 수학적 원리 이해와 실생활에 연결하는 공부가 가능하다.

역사 시간에는 사건이나 인물에 대한 질문을 통해 역사에 대한 통찰력을 키울 수 있고, 사회 시간에는 다양한 현상과 사회 문제에 대해 비판적 사고를 할 수 있다.

미술 시간에 그림이나 조각 작품을 감상한 후 질문을 만들면서 작품에 대한 관찰력을 키울 수 있고, 음악 시간에 가사에 질문 만들기를 통해 가사에 담긴 민족애, 사랑, 우정 등에 대해 토론할 수 있다.

윤리 수업 시간에 사상가들의 다양한 철학을 배운 후 질문 하브루타를 했을 때 다음과 같은 질문이 나왔다. 이를 통해 학생들은 시험을 위한 철학 공부가 아닌, 자신의 삶을 돌아보고, 사상가들을 비판하는 온전한 철학을 하게 된다.

소크라테스

- 나를 왜 알아야 하는가?
- 나의 무엇을 알아야 하는가?
- 나를 알기 위해 어떻게 해야 하는가?

- 소크라테스는 왜 이 말을 했을까?
- 소크라테스는 왜 명령조로 말을 했을까?

칸트

- 예외 없는 보편적인 도덕법칙이 존재하는가?
- 나쁜 결과가 예상되는데 동기를 우선시하여 타인에게 손해를 끼쳤다면 그 행동은 선한 행위인가?

공리주의

- 공리주의에서 선의 기준은 행복과 쾌락인데, 이것은 상대적이므로 도덕적 원리로 적합한가?
- 최대다수의 최대행복이 입법 원리라면 다수가 아닌 소수의 행복은 무시되어도 도덕적인가?
- 실패는 고통이다. 그렇다면 성공을 위한 과정에서 실패는 그릇된 행위인가?
- 공리주의 입장에서 행위 결과가 행복과 고통이 비슷한 경우라면 어떻게 해야 하는가?

질문 하브루타 수업 전개

질문 하브루타 수업에서 학생들은 기본 개념을 명확히 알기 위해서 교과서에서 답을 찾을 수 있는 사실 확인 질문과, 교과서에 답이 없는 생각을 확장하는 심화 질문을 만든다. 수업 시간에 만드는 질문의 수는 교과 내용, 남은 수업 시간 등에 따라서 달라진다. 수업 전개는 다음과 같다.

개별 활동	·수업에서 배운 내용으로 질문 만들기 : 사실 확인 질문 3개, 심화 질문 1개
짝 활동	·사실 확인 질문 주고받기 : 서로 묻고 답한 후, 짝이 모르면 이해하도록 설명하기 ·심화 질문 주고받기 : 한 학생이 먼저 자신이 만든 질문을 소개하고, 그 질문을 만든 이유, 질문에 대한 자기 생각을 말하기. 역할 교대하기 ·짝 토론을 통해 심화 질문 중에서 학급 전체와 나누고 싶은 좋은 질문 선정하기 ·질문 가다듬기를 통해 질문 수준 높이기
모둠 활동	·모둠 최고 질문 선정하기 : 짝 토론을 통해 팀별로 선정된 질문을 모둠에서 주고받기 ·활발한 토론과 질문 가다듬기
발표	·모둠별 최고 질문 판서하기 ·모둠별 토론 내용 발표하기
쉬우르	·학급 최고 질문 정하기 : 다수결 ·추가 토론이나 글쓰기 활동과 연결하기

질문을 주고받을 때 경청과 존중의 자세를 키우기 위해 반사하기와 지지하기 활동이 필요하다. 이는 하브루타 전문가 양동일 작가의 『말하는 독서 하브루타』에서 배웠다.

■ 반사하기

짝이 한 질문을 똑같이 말하는 것이다. 예를 들어 "그러니까 짝꿍은 ~이 궁금했군요. 그래서 ~게 생각하는군요."라고 말한다.

■ 지지하기

짝의 이야기를 듣고, 좋았던 점, 새롭게 알게 된 점 등을 말하는 것이다. 예를 들어 "짝꿍의 질문(생각)은 ~점이 참 좋네요.", "~점은 제가 미처 생각하지 못했어요.", "~을 알게 되었어요."라고 말한다.

좋은 질문의 기준

하브루타에 대한 교사 연수를 하다 보면, 많은 교사가 "어떻게 아이들이 수업과 관련된 좋은 질문을 만들게 할 수 있을까?"에 대한 질문을 한다. 먼저 필자는 좋은 질문으로 다음과 같은 기준을 제시한다. 실제 필자는 첫 수업 오리엔테이션 시간에 질문의 중요성을 소개하고, 이 기준을 학생들에게 알려 준다.

- 생각을 물어보는 질문
- 답이 여러 개인 질문
- 찬반 논쟁이 가능한 질문
- 배운 내용에서 핵심어를 포함하는 질문
- 나와 연결하는 질문

질문 활용법

수업 시간에 학생들이 만든 질문은 그 자체로 의미가 있다. 왜냐하면 질문을 만드는 과정에서 배운 내용을 기억하고, 글로 표현하는 과정에서 인출하게 된다. 또한 질문에 대한 해답을 생각하는 과정에서 창의·비판적 사고력이 길러진다. 개인이 만든 질문을 전체와 공유한다면 자신이 미처 생각하지 못한 다양한 질문을 접하게 될 것이고, 더 많은 호기심이 생긴다. 교사가 이를 다양한 활동으로 연결하면 학생들은 질문으로 토론하고, 소통하면서 함께 문제를 해결하는 역량을 키우게 된다.

이렇게 학생들이 만든 질문으로 토론과 글쓰기를 하는 과정에서 학생들은 더 많은 호기심이 생겨 수업 이후의 탐구 활동이나 독서로 연결할 수 있다. 이는 자기소개서나 과목 세부능력 및 특기사항의 좋은 소재가 될 수도 있다. 왜냐하면 진정한 의미의 자기주도 학습이기 때문이다. 필자는 학생들이 만든 개별 질문으로 짝과 토론하고, 다시 모둠에서 토론하게 한다. 그리고 모둠별 최고 질문을 판서하게 하여 전체 학생과 공유한다. 이후 다음과 같은 방법으로 발표, 토론, 글쓰기 활동으로 연결한다.

1. 모둠별 최고 질문을 만든 학생이 발표한다. 질문을 만든 의도, 질문에 대한 자신의 생각, 모둠에서 공유하면서 나온 친구의 생각 등을 말한다. 5분 내외 시간이 남았을 때 가능하다.

2. 모둠별 최고 질문으로 모둠 토론을 한다. 모둠 최고 질문을 선정한 후 모둠원 간에 추가 토론 시간을 부여한다. 조장이나 최고 질문을 만든 학생이 나와서 질문을 소개한 다음에 모둠에서 토론한 내용과 결과 등을 발표한다. 10분 내외의 시간이 필요하다.

3. 교사가 의미 있는 질문을 선정한 후 간단히 정리한다. 교사는 판서된 6개 내외의 질문을 보고 학습 목표와 가장 관계 깊은 질문이나 꼭 다루어야 할 질문을 정한 후, 이에 대해 간단히 정리한다. 이 질문으로 전체 학생을 대상으로 어떻게 생각하느냐고 물어서 발표하게 할 수도 있다. 3분 내외 시간이 남았을 때 활용한다.

4. 찬반 토론 가능한 질문으로 토론하게 한다. 학생들이 만든 질문 중 찬반 논쟁이 가능한 질문이 있다. 이를 짝 토론이나 모둠 토론으로

연결하는 것이다. 필자는 행복 단원 수업에서 "미래의 행복을 위해 현재의 희생을 행복해야 하는가?"라는 질문으로 2분 동안 짝과 토론하게 한 적이 있다. 중요한 질문이라면 그 내용으로 다음 시간에 전체 토론을 하게 할 수도 있다. 3~10분 정도의 시간이 필요하다.

5. 의미 있는 질문 선정 후 글쓰기를 한다. 다양한 질문 중 가장 의미 있는 질문을 선정해서 간단한 글쓰기를 시킨다. 질문은 교사가 정할 수도 있고, 학생 스스로 선택하게 할 수도 있다. 단순히 자기 생각만 적지 말고, 수업에서 배운 내용을 활용하게 하면 자연스럽게 복습과 인출이 이루어진다. 남은 시간에 따라 100자 글쓰기, 200자 글쓰기, 300자 글쓰기 등을 하면 된다.

6. 학생들에게 판서된 질문을 그냥 읽게 한다. 이는 시간이 거의 남지 않았을 때 사용하는 방법이다. 판서된 질문들은 모둠 토론을 통해 어느 정도 걸러진 질문들이다. 이것을 읽는 것만으로도 학생들은 자신이 미처 생각하지 않은 질문을 통해 짧은 시간이지만 다양한 생각을 하게 된다. 왜냐하면 질문은 항상 생각으로 연결되기 때문이다.

Tip

1. 학생들이 만든 질문을 종류별로 분류하여 묶은 후, 다음 단계로 나가는 것이 바람직하다. 판서된 질문을 읽어 보고 중복된 내용끼리 묶는다. 의미 있는 좋은 질문 혹은 이해되지 않은 질문 등에 대해서는 질문을 만든 학생에게 의도를 물어본다. 이러한 과정에서 질문을 전체와 공유하면서 명료하게 정리한다.

2. 포스트잇을 활용하면 모든 학생의 질문을 전체와 공유할 수 있다. 개인별로 만든 질문을 포스트잇에 적은 후 칠판에 분류해서 붙이게 하면 된다. 왼쪽부터 질문을 붙이게 하고, 비슷한 내용의 질문은 아래에, 다른 내용은 오른쪽에 붙이게 한다.

3. 가능한 질문 노트를 만들어 지속해서 관리하는 것이 효과적이다. 이를 수행평가로 활용하거나, 과목별 세부능력 및 특기사항의 기록 자료로 사용할 수 있다.

질문 하브루타 활동지

구분		질문
나의 질문	사실 확인 질문	1. 2. 3.
	심화 질문	
짝 토론		
모둠 질문		
학급 질문		

질문 하브루타

- 개별 활동 : 사실 확인 질문 3개, 심화 질문 1개 만들기
- 짝 활동 : 사실 확인 질문 짝과 묻고 답하기
- 짝 활동 : 심화 질문 생각 나누기, 좋은 질문 선정하기
- 모둠 활동 : 모둠 최고 질문 선정하기, 모둠 최고 질문 판서하기

02 친구 가르치기 하브루타

친구 가르치기는 수업에서 배운 내용을 친구에게 가르치는 활동이다. 가르치는 사람은 오래 기억하고, 듣는 사람은 쉽게 잊는다. 그 이유를 세계 기억력 선수권 대회 챔피언인 군터 카르스텐은 다음과 같이 설명한다.

"남을 가르치면서 학습한 내용이 우리 기억에 더 단단하게 자리를 잡는다. 단순 복습 차원을 넘어 전혀 새로운 시점에서 학습 내용을 바라보게 된다. 학습 내용을 상대에게 설명하여 이해시키려면 정말 다양한 학습 내용을 살피고 고민해야 하기 때문이다."

친구 가르치기의 효과

행동과학연구소인 미국 NTL의 학습 피라미드에 의하면 강의를 듣고 24시간이 지난 후에는 5퍼센트만 기억할 수 있지만, 서로 가르치기를 할 경우 90퍼센트가 기억에 남는다고 한다. 강의식 수업에서 설명은 오직 교사의 몫이었다. 친구 가르치기는 교사가 기본 개념 설명 후 학생들이 배운 내용을 짝에게 설명하는 하브루타이다.

친구 가르치기는 주요 개념 이해에 가장 도움이 되는 방법이다. 친구에게 설명하는 과정에서 명확히 개념을 이해하게 되고, 부족한 부분을 찾아 공부할 수 있기 때문이다. 또한 고3 교실에서도 효과적인 하브루타이다. 실제 수능과 모의고사에서 우수한 효과를 낸 칠곡고등학교 김연경 선생님의 경우에도 고3 교실에서는 주로 친구 가르치기를 적용했다. 친구 가르치기 하브루타의 장점은 다음과 같다.

- 오래 기억할 수 있다.
- 또래 언어로 설명을 듣기 때문에 이해하기 쉽다.
- 자기가 아는 것과 모르는 것을 알게 되어 깊이 있는 공부를 할 수 있다.
- 배우는 사람 입장에서 모르는 부분이 나올 때 교사보다 친구에게는 질문하기가 쉽다.
- 친구 관계에 도움을 준다.

다양한 친구 가르치기 활동

필자는 『하브루타로 교과수업을 디자인하다』에서 다음과 같이 다양한 방법으로 친구 가르치기 활동을 소개한 바 있다.

백지에 필기하면서 가르치기 : 학창 시절에 연습장에 쓰면서 암기한 경험이 있을 것이다. 필기하면서 손을, 가르치면서 뇌를 함께 사용한다. 손과 뇌는 고등 사고와 가장 밀접한 신체 기관이다. 배우는 사람 입장에서도 눈과 귀를 동시에 사용하며, 필기를 통해 내용을 쉽게 정리할 수 있다.

일어서서 가르치기 : 학생들은 수업 시간 내내 앉아 있다. 때로는 일어서서 가르치게 한다. 일어서는 것만으로도 장소를 옮기지 않고 분위기를 바꿀 수 있다. 가능한 손을 가슴 위쪽으로 올려 손동작을 크게 하

도록 한다. 적절한 손동작은 설득력을 높이고, 듣는 사람을 집중하게 한다. 또한 두뇌 활동을 활발하게 하는 효과도 있다.

스승이 제자에게 가르치듯 하기 : 학교 선생님, 혹은 공자나 소크라테스와 같은 스승이 되어 그들의 사상을 제자에게 가르치듯 한다. 그러면 말투가 달라지면서 재미있다. 특히 윤리 수업의 사상가가 등장하는 단원에서 효과적이다.

친구 가르치기 하브루타 수업 절차

필자의 수업 사례는 다음과 같다. 고등학교 통합사회의 시장 경제와 금융 단원에서 '자본주의의 역사적 전개 과정과 그 특징' 수업이다.

교사 강의	・강의 전 친구 가르치기 활동 예고하기 ・자본주의 전개 과정 강의 : 상업 자본주의, 산업 자본주의, 수정 자본주의, 신자유주의의 전개 과정과 특징 설명하기
개별 활동	・복습하기 : 교사 강의를 마친 후 5분 정도의 복습 시간 부여 ・중얼거리며 외우기 : 낭독 효과를 통해 집중력 증가 ・이해가 안 되어 설명하기 어려운 개념은 교사에게 질문하기
짝 활동	・가르칠 순서 정하기 : 가위바위보에서 진 사람이 먼저 설명하기 ・설명하기 : 수업에서 배운 내용을 선생님처럼 가르치기 ・배우는 학생은 경청하고 질문하기 : 몰라서 질문할 수도 있지만 가르치는 친구가 제대로 이해하고 가르치는가를 확인하는 질문하기 ・역할 교대
발표 및 쉬우르	・전체에게 설명하기 : 교사는 우수한 학생을 1명 선정하여 전체에게 설명하기 활동 실시 ・교사 피드백 : 잘못된 설명이나 보충 설명이 필요한 부분은 전체에게 피드백
복습	・각자 제대로 설명하지 못한 부분 복습하기 ・기억해서 쓰기 활동과 연결하기

Tip

1. 수업을 시작할 때 친구 가르치기 활동을 할 것을 예고한다. 그러면 잘 가르치기 위해 학생들의 집중력이 높아진다.

2. 교사는 가장 활발하게 가르치는 학생 1명을 선정해서 전체에게 설명하게 한다. 성적이 우수한 학생을 정하는 것이 효과적이다. 이 학생이 제대로 가르치지 못한 부분은 다른 학생도 이해하지 못할 가능성이 크기 때문이다. 교사는 이 학생이 제대로 설명하지 못한 부분을 보충하여 추가로 설명한다.

친구 가르치기

· 배운 내용 복습하기(3~5분)
· 순서 정한 후, 친구 가르치기 : 배우는 사람은 질문 가능
· 역할 바꾸기
· 제대로 설명하지 못한 내용은 교과서 보면서 다시 공부하기

근거 만들기 하브루타는 전체 토론이나 논술을 하기 전에 근거에 대해 개별적으로 생각하고, 친구와 공유하면서 근거의 수준을 높이는 활동이다. 토론이나 논술의 정당성을 높이는 것은 적절한 근거이다. 학생들이 토론이나 논술을 어려워하는 이유는 적절한 근거를 제시하지 못하기 때문이다.

하지만 근거 만들기 하브루타를 통해 찬반 각 입장에서 근거를 생각해 보고, 짝 토론과 모둠 토론을 거치면서 더 좋은 근거를 정하고, 근거를 다듬는다. 친구와의 대화에서 다양한 근거를 접하고, 더 좋은 근거를 정하면서 논제에 대해 더 많이, 더 깊이 생각하게 된다. 그래서 근거 만들기 하브루타 활동을 한 후 토론이나 논술을 하면 알찬 토론이 되고, 훨씬 쉽고 논리적인 글을 쓴다.

보통 토론 수업을 하면 적극적인 참가자는 몇 명 되지 않고, 절반 이상이 한마디도 하지 않는다. 하지만 근거 만들기 하브루타 활동은 모든 학생이 개별 근거를 만들고, 짝 토론과 모둠 토론을 거치면서 자기 생각을 말해야 한다. 그 과정에서 다양성을 배우고, 근거의 수준은 높아진다.

근거 만들기 하브루타는 찬반 논쟁이 가능한 수업 주제에 적합하다. 윤리나 사회 수업 등에서 다음과 같은 주제로 근거 만들기 하브루타가 가능하다. 근거 만들기 하브루타는 이후 전체 찬반 토론, 논술쓰기 활동으로 연계하면 효과적이다.

- 낙태를 허용해야 한다.
- 사형제를 폐지해야 한다.
- 안락사를 허용해야 한다.
- 부유한 국가일수록 더 행복하다.
- 미래의 행복을 위해 현재의 행복을 희생해야 한다.
- 정의사회를 위해 국가의 역할은 주도적이어야 한다.
- 양심적 병역 기부를 위한 대체 복무제를 허용해야 한다.

개별 활동	• 개인별로 찬성 2개, 반대 2개 근거 만들기 • 키워드 + 서술어 형식으로 짧고 명확하게 쓰기
짝 활동	• 각자 찬성 근거 설명해서 좋은 근거 1개 선정하기 • 각자 반대 근거 설명해서 좋은 근거 1개 선정하기 • 좋은 근거로 다듬기
모둠 활동	• 모둠에서 가장 좋은 찬반 근거 1개씩 선정하기 • 좋은 근거로 다듬기
발표 및 쉬우르	• 모둠별 찬반 근거 발표 후 판서하기 • 중복된 근거 분류 및 삭제
입장 선택	• 최종 입장을 정하고, 근거 2가지 선정하기

개별 활동

교사는 논제를 제시하고, 하브루타 활동지를 배부한 후, 학생들에게 찬성과 반대 근거를 각 2개씩 생각하게 한다. 왜냐하면 자기와 다른 입장에 대해서도 생각해 봐야 다양성을 알게 되고, 무엇보다 상대의 반론에 대비할 수 있기 때문이다.

짝 토론

짝과 합하면 찬성 근거 4개, 반대 근거 4개가 나온다. 토론을 통해 찬성 근거 1개, 반대 근거 1개를 정한다. 같은 내용의 근거이면 그대로 짝 토론 근거로 정하면 된다. 서로 다른 근거일 경우 각자가 만든 근거에 대해 설명한다. 그래서 좀 더 논리적인 근거를 선택한다. 때로는 대화 과정에서 더 좋은 근거가 생각날 수도 있고, 선택한 근거를 다듬어 수준을 높일 수도 있다.

모둠 토론 및 판서

1개의 모둠에 2개의 팀이 토론하게 된다. 짝 토론과 마찬가지로 팀별로 만든 근거 찬성 1개, 반대 1개를 발표하여 이번에는 찬성 반대 각 1개씩 최고의 근거를 선정한다. 가능한 논리적이면서 다른 모둠에서 정하지 않을 듯한 내용을 선정하게 한다. 이렇게 선정된 모둠별 찬반 근거 각 1개씩은 판서하여 전체와 공유한다. 한 학급에 6개의 모둠이 있다면 찬성 6개, 반대 6개의 근거가 만들어졌다. 교사는 비슷한 내용끼리 분류하고, 중복된 내용은 삭제한다.

최종 자기 입장 정하기

칠판에 쓰인 다양한 찬반 근거를 보고, 자신의 최종 입장과 근거를 정한다. 이를 바탕으로 다음 차시에 토론을 하면 훨씬 활발한 토론이 된다. 그리고 논술을 쓰면 훨씬 쉽고 논리적인 글을 쓸 수 있게 된다.

근거 만들기 하브루타 활동지

<자료 1> p33. 이스털린의 역설과 그에 대한 반론 : 부유한 국가일수록 더 행복할까

근거 만들기 하브루타 활동지

논제		부유한 국가일수록 더 행복하다.
개별 활동	찬	1. 돈이 많으면 선택의 폭이 넓어짐으로 행복해 질수 있다. 2. 자신에 대해 더 많이 투자할수 있고 원하는 것을 하며 살수 있어 행복하다.
	반	1. 일정량의 돈이 충족 된다면 굳이 돈이 더 많이 생긴다 해서 행복하지는 않을 것이다. 2. 돈을 많이 번다는 것은 그만큼 더 일한다는 것이므로 더 행복수 있다.
짝 활동	찬	돈이 많으면 기회가 많아짐으로 하고싶은 일을 다 할수 있어서 행복해 질수 있다.
	반	인간의 욕망은 끝이 없고 욕구가 다 채워 지면 더 많은 욕심이 생기고 그것을 성취하지 못하면 행복이 증가하지 않는다.
모둠 활동	찬	돈이 많으면 기회가 많아짐으로 하고 싶은일을 다 할수 있어서 행복해 질수 있다.
	반	소득이 일정금액에 도달하면 기본적 욕구가 충족되어 행복에 더이상 영향을 미치지 않는다.
최종 입장	반	일정 수준에 도달한 다면 자신이 자신의 욕구에 충족 됨으로 이미 행복하기 때문이다. 국가의 부의 증대는 국민의 행복와 비례하지 않는다. 부탄이 이를 입증한다.

Tip

1. 근거를 쓸 때는 짧고 간결하게 1문장으로 쓰게 한다. 이 문장만으로 문단의 내용 파악이 가능하도록 잘 요약되어야 한다. 필자는 키워드+서술어 형식으로 쓰라고 지도한다. 예를 들어 사형제가 논제라면 '오판 가능성이 있다.', '죄에 상응하는 보복 수단이다.'와 같이 쓰는 것이 효과적이다. 이는 논술에서 바로 근거로 활용할 수 있다.

2. 가능한 토론이나 논술 활동으로 이어지는 것이 바람직하지만, 이 활동만으로 충분히 토론 효과가 있다. 왜냐하면 논제에 대하여 각자가 찬반 근거를 정하고, 좋은 근거를 선정하거나 다듬는 과정에서 자연스럽게 토론이 이루어지기 때문이다.

3. 코로나 19로 인해 토론이 어려울 경우 각자가 만든 근거를 포스트잇에 써서 전체와 공유할 수 있다. 찬반 각 1개씩을 써서 칠판에 붙인다. 이때 비슷한 내용끼리 분류해서 붙이게 한다.

근거 만들기 하브루타 후 모둠별 찬반 근거 판서

포스트잇으로 근거 만들기 활동하는 모습

근거 만들기 하브루타

- **개별 활동** : 각자 논제에 대한 찬반 근거를 2개씩 활동지에 적는다.
- **짝 토론** : 각자 만든 근거를 짝과 토론하여 찬반 1개씩 선정한다.
- **모둠 토론** : 팀별로 만든 근거를 모둠 토론으로 찬반 1개씩 정한 후 판서한다.
- **최종 입장 정하기** : 판서된 근거를 보고 자기의 최종 입장을 활동지에 적는다.

04 논쟁 중심 하브루타

　논쟁 중심 하브루타는 교과서나 사회 이슈 중에 찬반 논쟁이 가능한 논제를 정한 후 하브루타를 진행한다. 논제에 대한 각각의 입장을 근거 만들기 하브루타를 통해 미리 정할 수 있다. 아니면 수업 전에 인터넷 등을 통해 찬반 각각의 근거를 조사하게 할 수도 있다. 논쟁이 있는 주제에 대해 전체 토론을 할 경우 소극적인 학생은 쉽게 토론에 참여하지 못한다. 하지만 논쟁 중심 하브루타는 짝 토론과 모둠 토론을 통해 모든 학생이 토론에 참여하게 된다. 토론 과정에 나온 근거를 다듬는 과정에서 타당성을 높이고, 모둠별로 발표한 근거를 바탕으로 자신의 최종 입장을 적는다.

　논쟁 중심 하브루타는 찬반 논쟁이 가능한 논제나 수업과 관련한 사회 이슈 등을 다루는 수업에 적용할 수 있다. 논제는 찬성과 반대의 쟁점이 분명한 것이 바람직하다. 생활과 윤리 교과에서 다루어지는 안락사, 낙태, 성적 소수자, 사형제 등이 적합하다. 또한 통합사회 수업에서 '부유한 국가일수록 행복하다.', '정의 실현을 위해 국가는 주도적이어야 한다.' 등의 주제도 가능하다. 전성수 교수는 『최고의 공부법』에서 다음과 같은 주제를 예로 제시한다.

　- 전체 학생에게 무상 급식을 해야 하는가?
　- 학생들은 교복을 입어야 하는가?

- 학교에서 체벌은 허용되어야 하는가?

- 학원 운영 시간은 제한해야 하는가?

- 학생의 게임 시간은 통제해야 하는가?

- 우리나라 경제를 위해 국산품을 애용해야 하는가?

- 폭력적이거나 왕따를 주도하는 학생은 학교에 다니지 못하게 해야
  하는가?

수업에서 논쟁 하브루타의 장점은 다음과 같다.

- 의사소통 역량과 토론 능력을 키운다.

- 토론에서 소외자가 발생하지 않고, 모두 참여하게 된다.

- 토론 형식이 어렵지 않아 쉽게 수업에 적용할 수 있다.

- 단계별 활동을 통해 근거의 타당도를 높인다.

- 사회 이슈와 현상에 대한 비판적 태도를 기를 수 있다.

개별 활동	·논제 조사하기 ·찬반 근거 활동지에 적기
1:1 토론	·짝을 지어 논쟁하기 ·한 사람이 먼저 주장하고 반대편에서 질문과 반박하기 ·역할 교대하기 ·근거의 타당성 높이기 ·토론 내용 활동지에 적기(찬반 근거 각 1개씩)
2:2 토론	·찬반 역할 정하기 ·논쟁하기(주장, 반론, 재반박 등) ·논쟁 후 활동지에 토론 내용 정리하기(찬반 근거, 상대 반론, 재반박) ·모둠별 찬반 근거를 1개씩 정한 후 판서하기(근거의 타당성 높이기)
발표	·모둠별 찬반 근거 발표하기, 또는 판서하기

쉬우르	· 교사 : 모둠별 찬반 근거 최종 정리
	· 논쟁에서 빠트린 부분 보충 설명
	· 질문을 통해 학생들의 사고 자극
	· 학생들은 각자 최종 입장과 근거 정리(이후 논술 과정 중심 평가 가능)

다음은 고등학교 1학년 통합사회 시간에 '의무 투표제를 도입해야 한다.'로 논쟁 중심 하브루타 수업을 한 사례이다.

국민은 선거를 통해 자신의 정치적 의사를 가장 잘 대변해 줄 후보자와 정당을 선택함으로써 주권을 행사한다. 따라서 선거 참여는 국민의 가장 중요한 권리임과 동시에 의무라고 볼 수 있다.

이처럼 선거가 중요한 의미를 지님에도 불구하고 우리나라의 투표율은 매우 낮은 편이다. 선거권 획득 나이가 만 19세로 낮아지고 각종 언론에서 홍보하며 선거 참여를 독려하고 있지만, 여전히 선거 참여율은 낮은 편에 속한다.

-『인천일보』 2016. 3. 31.

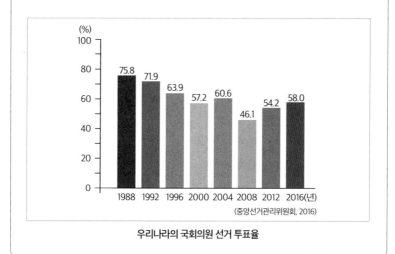

우리나라의 국회의원 선거 투표율

학생들이 만든 찬성 근거

- 정치에 대한 관심을 높일 수 있다.

- 선거 결과에 대한 정당성이 높아진다.

- 투표는 의무이며, 이를 행하지 않으면 권리도 실현될 수 없다.

- 최대한 많은 사람의 의견이 반영되는 것이 바람직한 민주주의이다.

- 선거를 통해 정치에 참여하는데 투표를 하지 않고 결과를 누리는 것
  은 무임승차이다.

학생들이 만든 반대 근거

- 투표할 권리가 있는 것처럼 하지 않을 권리도 있다.

- 장애 등 어쩔 수 없는 상황 때문에 투표하지 못할 수도 있다.

- 정치에 무관심한 사람에 대한 강제 투표는 신뢰성을 떨어뜨린다.

- 현재 우리나라의 투표율이 정치 지도자의 대표성을 훼손할 만큼 심
  각하지 않다.

- 지지하는 사람이 없을 경우 투표하지 않는 것도 개인의 자유로운 의사
  표현이다.

논쟁 중심 하브루타

- **개별 활동** : 찬반 근거 활동지에 적기
- **짝 활동** : 짝을 지어 논쟁하기(1:1토론), 근거 타당성 높이기 활동
- **모둠 활동** : 찬반 역할 정한 후 논쟁하기(2:2토론), 모둠별 찬반 근거 판서
- **발표** : 모둠별 찬반 근거 발표하기
- **쉬우르** : 각자 최종 입장과 근거 정리하기

논쟁 중심 하브루타 활동지

내 생각	찬	
	반	
1:1 토론	찬	
	반	
2:2 토론	찬	
	반	
	상대 반론	
	재반박	
나의 최종 입장	주장	
	근거	

05 인물 논쟁 하브루타

인물 논쟁 하브루타는 서로 다른 입장을 가진 사상가나 인물이 되어 논쟁하는 짝 활동 중심의 하브루타이다. 일반적인 논쟁이 자기 입장 중심이라면, 인물 논쟁 하브루타는 교과서에 나오는 인물이 되어 논쟁하게 된다. 따라서 그 인물의 사상이나 상황에 따른 구체적인 내용을 파악해야 논쟁이 가능하다. 인물 논쟁 하브루타를 통해 내용에 대한 기억 꺼내기 활동을 하게 되어, 장기 기억 효과와 함께 친구 가르치기 효과가 있다.

과목별 인물 논쟁 하브루타 수업

인물 논쟁 하브루타는 논쟁의 소재나 상황을 제시한 후 그 인물의 입장이 되어 토론하게 하면 효과적이다. 예를 들어 사형제에 대해 칸트나 베카리아의 입장에서 논쟁한다든지, 안락사에 대해 칸트나 벤담의 입장에서 논쟁하는 것이다. 다음과 같은 과목에서 적용 가능하다.

윤리 : 대립하는 주장을 가진 사상가들

국어 : 갈등 관계에 있는 등장인물(소설)

역사 : 상반된 입장을 가진 인물

사회 : 사회 현상에 대해 다른 입장을 가진 사람

주제 제시	• 논쟁 주제 제시하기
인물 탐구	• 교사의 강의나 학생들의 탐구 활동을 통해 인물의 사상이나 성격 등에 대해 파악하기
논쟁하기 (짝 활동)	• 자신이 맡은 사람의 입장에서 상대방과 논쟁하기 • 입장을 바꾸어 논쟁하기
발표 / 정리	• 논쟁 활동 모니터링 및 활동지 확인 후 1~2명 정도 발표하기 • 마인드맵 혹은 비주얼 씽킹으로 정리하기
쉬우르	• 오개념 설명, 추가 설명하기

Tip

1. 논쟁의 승패는 자기 입장의 전달이 아닌 상대 주장에 대한 반박이 좌우한다. 상대 의 주장을 집중해서 들으면서 반박 논리를 만들게 한다.
2. 인물 디베이트 이후 논술 과정 중심 평가와 연계할 수 있다.

인물 논쟁 하브루타

• 주제 제시

• 인물 탐구 : 수업에서 배운 내용으로 인물의 사상, 특징 파악하기

• 1:1 논쟁 : 역할 정한 후 자신이 맡은 사람이 되어 상대와 논쟁하기

• 발표

• 정리 : 마인드맵, 비주얼 씽킹 등

단원	IV. 사회윤리와 직업 윤리 4. 사형 제도의 윤리적 문제
학습 목표	칸트와 베카리아의 사상을 바탕으로 사형 제도에 대해 논쟁할 수 있다.

단계(분)	학습 요소	교수·학습 활동
도입 (10분)	수업 안내	(교) 오늘은 사형 제도에 대해 다양한 사상가의 입장을 알아 본 후, 여러분이 그 사상가의 입 장이 되어 사형 제도에 대해 찬반 논쟁을 하 겠습니다.
	동기 유발	(교) 사형 제도와 관련한 EBS 동영상을 시청하겠 습니다.
	생각 열기	(교) 교과서를 읽고, 사형 제도의 폐지를 주장하 는 이유를 말하게 한다. (학) 짝 활동으로 단체들이 사형 제도의 폐지를 주장하는 이유를 말한다.
전개 (30분)	인물 탐구	(교) 사형 제도와 관련한 칸트의 응보주의, 루소 의 사회 계약설 관점, 공리주의의 예방적 관 점, 베카리아의 반대 입장 등을 설명한다. (학) 각 사상가의 입장을 정리한다.
	주제 제시	• 사형 제도를 폐지해야 한다.
	개별 활동	(학) 각 사상가의 입장에 대해 복습한다.
	논쟁하기	• 입장 정한 후 논쟁하기 • 역할 바꾸어 논쟁하기
	발표 및 정리	(교) 팀별 논쟁을 모니터링한 후 가장 활발한 논 쟁을 하는 팀을 앞으로 불러 논쟁하게 한다. (학) 마인드맵으로 사상가와 입장을 정리한다.
정리 (10분)	쉬우르	(교) 최종적으로 사상가의 입장을 정리한다. 교사는 사형제 관련 수능 기출 문제를 제시 하여 풀이하게 한다.

비교 하브루타는 2가지 이상의 비교 대상을 두고 공통점과 차이점을 찾는 활동이다. 강의식 수업에서는 공통점과 차이점을 교사가 설명한다. 하지만 비교 하브루타에서는 각자가 공통점과 차이점을 생각하고 모둠에서 돌아가면서 발표한다. 이때 자신이 미처 생각하지 못한 공통점과 차이점을 추가한다. 이후 교사가 쉬우르를 통해 모둠별로 공통점과 차이점을 발표하게 한다. 만약 핵심 내용이 포함되지 않으면 교사가 보충 설명을 한다.

필자는 비교 하브루타에서는 짝 활동을 하지 않고 바로 모둠 활동을 한다. 왜냐하면 더 좋은 질문이나 해결 방안을 선택하기 위해 논쟁하는 것이 아니라 자신이 미처 생각하지 못한 다양한 견해를 접하는 것이 목적이기 때문이다.

비교 하브루타를 통해 공통점과 차이점을 찾게 하면 교사가 생각한 것보다 훨씬 다양한 학생의 생각을 도출할 수 있다. 실제 수능에서 윤리와 사상이나 생활과 윤리 과목의 경우 벤다이어그램을 활용한 공통점과 차이점을 묻는 문제가 자주 출제된다.

수업 사례는 고등학교 통합사회 과목의 '행복의 조건' 단원에서 '전통사회와 현대사회의 이상적 정주 환경'의 공통점과 차이점을 찾는 탐구 활동이다. 공통점과 차이점을 묻는 이 활동에서 처음부터 모둠 토론을

개별 활동	・개인별로 자료를 읽으면서 공통점 차이점 찾기
모둠 활동	・각자 찾은 공통점을 설명하고 활동지에 적기 ・각자 찾은 차이점을 설명하고 활동지에 적기 ・친구의 발표를 통해 자신이 미처 생각하지 못한 공통점과 차이점 적기
전체 활동 (발표)	・모둠별 공통점 및 차이점 발표 ・교사 : 모둠 발표 내용 판서
쉬우르	・교사 : 내용 정리 및 강조, 빠진 내용 설명

하면 소외자가 나온다. 하지만 개별로 공통점과 차이점을 찾게 한 후 모둠 내에서 발표하게 되면 소외자 없이 다양한 생각을 도출할 수 있다.

다음과 같은 활동지를 통해 개별로 먼저 공통점과 차이점을 생각하게 한 후, 모둠 내에서 각자의 생각을 모았다. 그리고 모둠 발표를 통해 전체적으로 공통점과 차이점을 도출했다.

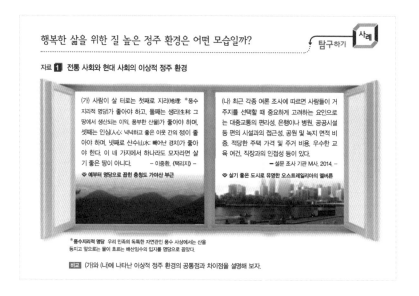

공통점	내 생각	자연 친화적 환경 (가) 산수가 좋아야 함 (나) 공원과 녹지 면적 비중
	모둠 정리	경제 활동 용이한 곳 (가) 땅에서 생산되는 이익과 풍부한 산물 (나) 교통 편리, 직장 인접
차이점	내 생각	(가) 인심과 이웃 관계 중시 (나) 삶의 편리성 중시
	모둠 정리	(가) 농사짓기 좋은 곳 (나) 교통과 직장과의 인접성 (가) 자연 환경 자체 중시 (나) 개발로 만든 환경 중시 (가) 풍수지리와 이웃 간의 정 중시 (나) 사회·문화적 환경 중시

비교 하브루타

· 개인별로 교재에서 공통점과 차이점 찾기
· 모둠에서 각자 찾은 공통점 발표하기 : 미처 생각하지 못한 공통점 적기
· 모둠에서 각자 찾은 차이점 발표하기 : 미처 생각하지 못한 차이점 적기
· 모둠별 공통점과 차이점 발표하기

07 문제 만들기 하브루타

    문제 만들기 하브루타는 수업에서 배운 내용으로 문제를 만들고, 짝 활동과 모둠 활동을 거쳐 모둠 최고 문제를 선정해 전체와 공유하는 활동이다. 문제를 내면서 교사 관점에서 꼼꼼히 학습 내용을 살펴보게 되어 집중력이 발휘되며, 복습 효과가 크다. 또한 만든 문제를 친구와 주고받으면서 자연스럽게 설명하기와 친구 가르치기로 연결된다.

    수업 정리 단계에서도 유용하지만, 필자는 시험 전 한 주간 동안 최종 복습용으로 이 활동을 한다. 처음에는 자습을 원하던 아이들도 활동을 마치고 나면 시험공부에 도움이 되므로 만족도가 높다. 모둠별 최고 문제를 판서하면 실제 시험에 비슷한 문제가 출제되는 경우가 많다.

    짝 활동이나 모둠 활동에서 좋은 문제를 선정하는 과정에서 문제를 다듬어 문제 수준을 높이기도 한다. 무엇보다 다른 친구들이 낸 문제를 보면서 자신이 미처 중요하지 않다고 놓친 부분을 깨닫게 되어 제대로 공부하지 못한 부분을 알게 한다.

교사 안내	· 범위 내에서 출제 문항 개수 제시 · 수업 정리 단계 : 남은 시간을 고려하여 서술형 1~3문제 · 시험 1주 전 : 5문제 이상을 출제하게 하되 선다형, 단답식, 서술형을 섞어 출제
개별 활동	· 책과 활동지를 참고하여 문제 출제
짝 활동	· 짝과 서로 문제 내고 정답 맞히기 · 짝이 모를 경우 친구 가르치기 · 수업 정리 단계에서는 말로 설명하고, 시험 전에는 문제지를 교환하여 풀이하기 · 출제 가능성 큰 서술형 문제를 선정하고, 문제 다듬기
모둠 활동	· 모둠에서 팀별로 문제 주고받기 · 최고 문제 선정 및 문제 다듬기 · 최고 문제 판서하기
쉬우르	· 시간 여유 있을 경우 : 모든 학생이 백지에 문제 풀게 하기 · 시간 여유 없을 경우 : 전체 학생과 질문 형식으로 주고받기

Tip

1. 처음부터 모둠 활동으로 할 수도 있다. 이때는 다음과 같이 문제 형식을 나눈다. 어느 형식의 문제를 낼지 학생 스스로 정하게 하면 대부분 성적이 좋은 학생이 서술형이나 선다형 문제를 내게 된다.

   - ○× 문제 3문제
   - 단답식 3문제
   - 서술형 2문제
   - 선다형 1문제

2. 선다형 문제를 만들게 하면, 매력적인 오답을 만들기 위해 고민하는 과정에서 깊이 있는 복습이 가능하다.

문제 만들기 하브루타

- 개별 활동 : 범위 내에서 정해진 문제를 출제한다.
  (O×, 단답형, 서술형, 선다형 등)
- 짝 활동 : 서로 문제를 내고 답한다. 상대가 모를 경우 친구 가르치기를 한다.
  둘이 낸 문제 중 좋은 문제를 선정하고, 문제를 가다듬는다.
- 모둠 활동 : 팀별로 문제를 주고받는다. 최고 문제를 선정하고 판서한다.

08 문제 풀이 하브루타

문제 풀이 하브루타는 EBS 문제집이나 기출 문제 등을 풀이할 때 각자 문제를 푼 후, 서로 답을 맞춰 보면서 답이 다른 문제에 대해 토론하거나 친구 가르치기를 하는 활동이다. 필자가 개발한 방법으로 고3 교실에서 수능 이틀 전까지 이 방식으로 하브루타를 한 적이 있는데, 학생 만족도가 굉장히 높았다. 교사 연수에서 이 방법을 소개했을 때 교사 반응도 꽤 높다.

고3 교실에서는 수능 실전에 대비하여 수업에서 문제 풀이를 하는 경우가 많다. 1시간에 20문제를 풀이할 경우, 보통 다음 2가지 방법으로 수업한다. 첫째, 전체 학생에게 25분쯤 각자 풀이할 시간을 준 후, 남은 시간 동안 교사가 1번부터 순서대로 설명한다. 둘째, 학생이 1문제를 풀면 이어서 바로 교사가 설명하는 식으로 20번까지 계속 이어서 한다.

이러한 문제 풀이 방식의 문제점은 모든 문제를 교사가 설명한다는 점이다. 사실 20문제 중 10문제 정도는 교사 설명이 필요 없을 정도로 쉬운 문제이다. 문제 풀이 하브루타는 쉬운 문제는 학생 스스로 해결하고, 어려운 문제는 학생 간에 토론한 후 정답을 확인한다. 교사는 마지막에 가장 어려운 몇 문제만 자세히 풀이한다. 이렇게 하면 학생들이 아는 문제는 넘어가고, 힘들어하는 문제에 대해서만 집중하므로 공부 효과가 크다. 무엇보다 자연스럽게 친구 가르치기가 이루어진다.

1. 20문제를 25분 동안 각자 풀게 한다.

2. 짝과 1번부터 끝까지 답을 비교해 본다. 답이 일치하면 패스하고, 서로 다를 경우 각자 답을 선택한 이유를 말한다. 이 과정에서 학생들은 누구 답이 맞는지 거의 안다.

3. 정답을 아는 학생은 모르는 학생에게 설명한다.

4. 누가 정답인지 모를 경우, 또는 서로 정답이라고 우길 경우는 해설지를 본다. EBS 문제집의 해설은 굉장히 친절하다. 짝과 정답에 관해 이야기하다가 해결되지 않아 해설지를 볼 경우, 교사의 설명을 듣는 것보다 더 자기주도적인 공부를 하게 된다.

5. 서로 정답 확인이 끝나면 해설지의 정답을 이용해서 채점한다.

6. 10분 정도 남았을 경우 전체 학생에게 설명이 필요할 정도로 어려운 문제를 발표하게 한다. 여기저기서 학생들이 발표하는데 중복되는 경우가 많이 최종 3~4문제가 선정된다. 이 문제는 전체에게 설명이 필요한 문제이다. 따라서 교사는 이 문제에 대해서만 집중해서 설명한다.

Tip

1. 고3 교실에서 2학기에 진도를 나가는 경우는 드물다. 문제 풀이 위주의 수업을 할 경우 한 학급 24명으로 가정하면, 필자의 과목(생활과 윤리, 윤리와 사상)을 수능에서 선택하는 학생은 10명 미만이다. 이 학생들만 대상으로 실시할 경우 오히려 수업 집중도가 훨씬 높아진다.

2. 적은 답이 서로 다를 경우 해설지를 곧바로 보게 해서는 안 된다. 각자 답으로 정한 이유를 말하거나 논쟁하게 한다. 그래야 해설지를 보았을 때 자신이 어느 부분에서 잘못 알았는지를 명확히 알 수 있다.

문제 풀이 하브루타

- 25분 동안 스스로 문제를 푼다.
- 짝과 서로 답을 비교한다. 답이 같을 경우 패스하고, 다를 경우 각자 이유를 설명한다. 이때 아는 학생은 틀린 학생에게 친구 가르치기를 한다.
- 답에 대한 의견이 끝까지 일치하지 않으면 해설지를 확인한다.
- 최종 정답을 모두 확인한다.
- 추가 설명이 필요한 문제에 대해 교사에게 요청한다.

설명하기 활동

가능하면 답을 알게 된 그 자리에서 스스로 설명해 보라.
누군가에게 실제로 설명해 봐도 좋고
자기 자신에게 설명해 봐도 좋다.
방금 전까지 내가 질문자였지만 이제 내가 답변자가 되어 보자.
질문한 내용을 확실히 이해했는지를 파악할 수 있고
기억이 더 오래, 더 정확히 남는다.

- 강성태, 『66일 공부법』

09 마인드맵 설명하기

마인드맵 설명하기는 짝과 함께 마인드맵을 만들면서 서로 설명하는 활동이다. 짝과 교대로 하나씩 마인드맵을 그려 나간다. 이때 자신이 그린 마인드맵의 내용은 반드시 설명해야 한다. 짝과 교대로 설명을 주고받으면서 질문할 수 있고, 미흡한 부분은 잘 아는 학생이 추가로 설명을 보충할 수도 있다.

마인드맵은 수업 정리를 위한 효과적인 방법이다. 상위 영역과 하위 영역의 크기를 다르게 그리면서 수업 전체 내용을 구조화하므로 전체 내용의 흐름부터 세부적인 내용까지 효과적으로 복습하게 한다. 또한 몇 가지 키워드만 떠올려도 연관 지식이 실타래처럼 따라 나오는 연상 효과가 있다.

이는 글과 그림이 함께 있는 자료로 공부할 때 기억이 강화된다는 '이중 부호화(dual-coding)' 암기 전략을 뒷받침한다. 관련 연구(Mayer, R. E. & Anderson, R. B. 1991)에 따르면 학습자들이 시각적·언어적으로 두 번에 걸쳐서 부호화하면 기억 속에서 정보를 찾는 방법이 2가지가 생기므로 해당 내용을 더 잘 기억하게 된다. 글과 그림을 동시에 사용하므로 그 둘 사이의 연결을 강화하게 된다는 것이다.

교사는 활동지를 배부하기 전에 꼭 알아야 하는 키워드를 미리 알려주는 것이 효과적이다. 키워드를 칠판에 적었다가 아이들이 활동을 시작하기 전에 지우면 된다. 아이들은 그 단어를 중심으로 세부 내용을 연결하여 생각한다. 또한 자기 순서에서 설명할 내용이 막히면 책을 볼 수 있는 기회를 줄 수 있다. 그 과정에서 자신이 몰랐던 부분을 알 수 있어 제대로 된 공부를 하게 된다. 단 설명할 때는 책을 보면 안 된다.

활동 후 마인드맵을 칠판이나 교실 뒤에 부착하여 쉬는 시간에 다른 친구들의 마인드맵을 보게 하면, 자신이 미처 기억하지 못한 세세한 부분에 대해서도 알게 된다.

Tip

1. 교사는 B4나 A3 등의 용지를 제공한다. 짝과 함께 그리면서 설명하기 위해서는 큰 종이가 효과적이다.
2. 마인드맵은 가능한 단순하게 그리게 한다. 불필요한 그림이나 다양한 색깔보다 설명하기에 집중해서 활동하게 한다. 원과 선으로만 그리는 것이 효과적이다.
3. 짝이 맞지 않으면 3명이 함께 할 수도 있다.

마인드맵 설명하기 모습

10 설명 전달하기

    분단별로 맨 앞줄에 앉은 학생이 수업에서 배운 개념이 적힌 쪽지를 전달받아 그 내용을 뒷사람에게 귓속말로 설명하면, 전달받은 내용을 똑같이 계속 뒤로 전달하는 활동이다. 설명을 듣고, 다시 똑같이 다음 사람에게 설명해야 하므로 집중해서 듣고, 정확히 전달하기 위해 기억하려고 노력하게 된다.

1. 교사는 분단의 제일 앞사람을 나오게 해서 수업에서 다룬 주요 개념이 적힌 단어가 적힌 쪽지를 전달한다.
2. 앞사람은 쪽지에 적힌 단어만 보고 이를 뒷사람에게 귓속말로 설명한다.
3. 계속해서 제일 뒷사람까지 설명하여 전달한다.
4. 마지막 사람은 그 내용이 무엇을 설명한 것인지 정답을 맞힌 후 개념에 대해 설명한다.

Tip

1. 분단별로 다른 단어를 제시할 수 있다. 그러면 마지막 줄 학생들의 발표를 통해 전체 수업 내용을 복습할 수 있다.
2. 중간의 학생들은 똑같이 전달하려 하지 말고, 자신이 알고 있는 내용이면 아는 대로 추가해서 뒷사람에게 설명하게 한다.
3. 제일 앞사람이 개념을 제대로 설명할 수 없으면 교사의 도움을 받을 수 있다.

설명 전달하기

- 분단 제일 앞사람은 선생님이 준 쪽지의 단어를 뒷사람에게 설명한다.
- 2번째 학생은 설명 들은 대로 다음 사람에게 전달한다.
- 아는 내용이면 설명을 추가할 수 있다.
- 마지막 사람은 단어를 알아맞히고, 전체에게 설명한다.

11 핵심 문장 전달하기

교사가 전해 준 수업의 핵심 문장을 전달하는 활동이다. 교사에게 쪽지로 받은 핵심 문장을 분단의 제일 앞사람이 귓속말로 뒤로 전달해, 제일 뒷사람이 교사에게 와서 확인한다. 내용을 똑같이 전달하기 위해 애쓰는 가운데 그날 배운 가장 중요한 내용을 암기하고 복습하게 된다.

1. 교사는 그날 배운 내용의 핵심을 1문장으로 요약해서 적은 쪽지를 분단의 맨 앞사람에게 준다. 쪽지 예시는 다음과 같다.
   - 사회 탐구의 관점으로 시간적, 공간적, 사회적, 윤리적 관점이 있다.
   - 행복의 조건으로 질 높은 정주 환경, 경제 안정, 민주주의, 도덕적 성찰이 있다.
2. 두 번째 학생은 들은 내용 그대로 다음 사람에게 전달하고, 계속해서 이어간다.
3. 마지막 학생은 들은 내용을 교사에게 와서 말한다.

Tip

1. 가장 정확하게 똑같이 말한 분단이 우승이다.
2. 분단별로 다른 문장을 제시할 수 있다. 마지막 학생이 순서대로 발표하면 전체 수업 내용을 정리하게 된다.

핵심 문장 전달하기

· 분단 제일 앞사람은 선생님이 준 쪽지의 문장을 뒷사람에게 전달한다.

· 계속 이어서 마지막 사람까지 전달한다.

· 마지막 사람은 선생님에게 가서 전달받은 내용을 그대로 말한다.

· 전달받은 그대로 다음 사람에게 말하기 위해 노력해야 한다.

12 설명하기 빙고

　빙고 놀이는 빈칸에 숫자나 이름·단어를 적은 후, 1명씩 돌아가면서 빈칸에 내용을 말하면 해당 내용이 적힌 칸에 ○표를 해서 가로·세로· 대각선 등의 줄을 만드는 활동이다. 설명하기 빙고는 한 사람이 문제를 내면 전체가 정답에 해당하는 단어에 체크하는 빙고 놀이이다. 즉 단어에 해당하는 설명을 하면 정답에 해당하는 단어 칸에 표하면 된다.

　일단 단어를 적은 후, 단어가 정답이 되는 문제를 내야 하는데, 문제를 내면서 자연스럽게 설명하기 활동이 이루어진다. 또한 문제를 내지 않는 학생들은 정답을 맞혀야 하므로 테스트를 겸한 활동이 될 수 있다. 이는 허승환 선생님의 『두근두근 수업 놀이』의 업그레이드 빙고를 통해 배운 활동이다.

1. 수업 후 빙고 활동지를 배부한다. 수업 내용에 따라 16칸(4×4), 25칸 (5×5)으로 빙고 칸을 만든다.

2. 교과서를 보고 빙고 칸에 단어를 적는다. 기억해서 쓰게 하면 더 효과적이다.

3. 교사는 학생들이 빙고 칸을 완성한 것을 확인한 후, 어떤 모양의 빙고 줄을 완성해야 하는지를 알려 준다. 보통 가로, 세로, 대각선 줄이 많이 사용된다.

4. 교사는 단어 1개를 선택하여 그 단어에 대한 설명을 한다. 예를 들어 '부탄'이라는 단어를 선택했다면, 아이들에게 '국민의 97%가 행복하다고 느끼는 나라이며, 거리에 신호등이 없고, 흡연을 법으로 금지하고 있는 유일한 나라'라고 설명한다.

5. 정답을 아는 학생들을 손들게 한 후 가장 먼저 든 학생을 지명한다. 정답을 말하게 한 후 정답을 적은 학생은 모두 해당 빙고 칸에 체크한다.

6. 정답을 발표한 학생은 다음 문제를 낸다. 본인에게 유리한 단어를 선택하여 설명하면 된다. 반복해서 게임을 이어간다.

7. 교사가 미리 정한 모양의 빙고 줄이 완성된 학생은 "빙고!"라고 외친다.

Tip

1. 교사는 처음 문제만 설명하고, 이후 아이들끼리 서로 릴레이식으로 진행하게 한다.
2. 첫 번째 빙고가 나오더라도 계속 게임을 진행할 수 있다.

설명하기 빙고

- 빙고 칸에 수업에서 배운 단어 채우기
- 선생님이 처음 내는 문제의 정답 단어가 있는 경우 손을 들어 발표하기
- 해당 단어가 있는 모든 학생은 빙고 칸에 ○표 하기
- 정답을 가장 먼저 맞힌 학생이 다음 문제 내기(자기에게 유리한 문제 내기)
- 학생끼리 릴레이로 문제를 이어서 진행하기
- 교사가 정한 빙고 줄을 먼저 완성한 학생은 "빙고!" 외치기

13 직소 활동

직소(jigsaw)는 경쟁적인 교실 환경을 협동적인 환경으로 바꾸기 위해 엘리엇 아론슨이 개발한 수업모형이다. 여러 조각을 협력하여 완성하는 조각 그림 맞추기 퍼즐인 직소 퍼즐(jigsaw puzzle)에서 유래하였고, 과제 분담 협동 학습이라고도 불린다. 수업 주제를 4~6개로 나누고, 같은 주제를 맡은 사람끼리 전문가 그룹을 만들어 깊이 있는 탐구 활동을 한 후, 원래의 모둠으로 돌아와서 설명하는 협동 학습이다.

각 모둠에서 미리 주제별 담당자를 정해야 한다. 전문가 그룹에서 맡은 주제에 대해서 모둠으로 돌아가 설명해야 하므로 책임감을 갖고 공부하게 된다. 원래 모둠으로 돌아와 친구들에게 설명하는 과정에서 진짜 전문가가 된다. 한편 듣는 사람은 또래가 이해한 언어로 설명을 듣기 때문에 훨씬 쉽게 이해할 수 있다.

1. 교사는 수업 주제를 4~6개로 나눈다. 보통 1모둠이 4명이므로 4개의 주제가 적당하다. 통합사회 과목의 '인간, 사회, 환경의 탐구와 통합적 관점' 단원에서 시간적 관점, 공간적 관점, 사회적 관점, 윤리적 관점 4가지로 주제를 나누었다.
2. 모둠에서 주제별 전문가를 정한다.
3. 전문가 그룹으로 이동한다. 각 모둠에서 같은 주제를 맡은 학생끼리

모여 새로운 그룹을 만든다. 여기서 총 4개의 전문가 그룹이 생긴다.

4. 교사는 전문가 그룹에게 전문가 학습지를 배부한다. 전문가 학습지에는 핵심 내용, 탐구 문제, 토론 문제 등이 포함되어 있다.

5. 전문가 그룹에서 전문가 학습지를 참고하여 공부한다. 적극적으로 의견을 공유하고, 활발한 토론과 질문을 하도록 한다. 필요시 스마트폰을 활용하게 한다. 교사는 순회하며 학생들의 질문 등에 노움을 준다.

6. 전문가들이 원래 모둠으로 돌아와서 자기가 담당한 내용을 친구들에게 설명한다. 4명이 맡은 주제에 대해 돌아가며 가르치게 된다. 이때 교사는 전문가 학습지를 그대로 읽지 말고, 자기 말로 설명하도록 지도한다.

7. 설명이 모두 끝나면 4개의 학습지를 결합하여 전체의 흐름을 파악한다.

8. 교사는 형성 평가를 통해 전체 학습 내용을 잘 이해했는지 확인한다.

Tip

1. 학생들의 학습 편차가 있어서 아무래도 전문가 활동을 부담스러워하는 학생이 있기 마련이다. 교사는 적절하게 순회하면서 도움을 주도록 한다.

2. 일반 교실은 자리 배치를 여러 번 새롭게 해야 하는 번거로움이 있다. 별도의 토론 교실이 없다면 큰 테이블이 있는 과학실이나 수업 분석실 등이 좋다.

3. 방과후 심화 수업이나 소인수 수업, 거점 수업, 영재 학급 수업에서 훨씬 효과적으로 실시할 수 있다.

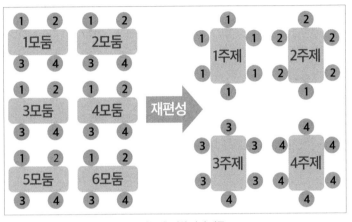

직소 활동을 위한 자리 이동

직소 활동

· 모둠에서 주제별 전문가 역할 정하기

· 주제별 전문가 그룹으로 이동하기

· 전문가 그룹에서 공부 및 토론하기

· 원래 모둠으로 돌아와서 담당한 주제 가르치기

14 문장 만들기 골든벨

모둠별로 제시된 키워드를 설명하는 문장을 만들면, 다른 모둠은 그 문장을 듣고 키워드를 맞히는 활동이다. 문장을 만들기 위해 키워드의 의미를 곱씹게 되어 자연스럽게 중요 개념을 익힐 수 있다. 또한 창의적이고 예상 밖의 문장으로 수업의 흥미와 집중을 높일 수 있다.

1. 교사는 모둠별로 1개씩의 다른 키워드 카드를 배분한다. 6모둠이면 6개의 키워드가 필요하다. 그리고 모둠별로 골든벨 판을 나눠 준다.

2. 배부된 키워드를 보고, 각자 키워드를 설명하는 문장을 만든다. 이때 키워드가 문장에 포함되면 안 된다.

3. 모둠에서 각자 만든 문장을 발표한다. 잘못된 학생의 내용은 모둠에서 협동하여 수정한다. 지나치게 중복된 내용도 고친다. 이때 다른 모둠에게 키워드가 들키지 않도록 작게 말한다.

4. 모둠별로 순서대로 자리에서 일어서서 각자가 만든 문장을 발표한다. 이때 다른 모둠원은 의논해서 정답을 골든벨 판에 적는다. 단, 발표하는 모둠원 전체의 발표가 끝날 때까지 미리 정답을 적거나 말해서는 안 된다. 모든 학생이 경청하고 끝까지 생각하는 기회를 주기 위해서이다.

5. 모둠별로 골든벨 판을 공개한다.

문장 만들기 골든벨

- 개인별로 모둠에 배부된 키워드를 설명하는 문장 만들기. 키워드가 문장에 포함될 수 없다.
- 모둠에서 돌아가며 발표하기. 잘못된 내용은 고치고, 중복된 내용도 수정한다. 이때 다른 모둠에게 키워드가 들키지 않도록 주의한다.
- 1모둠씩 일어서서 돌아가며 발표하기. 다른 모둠은 듣고 키워드를 골든벨 판에 적는다. 발표가 끝나기 전에 정답을 말하지 않는다.

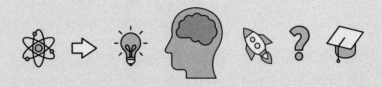

기억해서 쓰기 활동

백지를 갖다 놓고 목차를 보고 생각나는 걸 다 쓰는 거다.
그걸 보고 내가 외웠나 안 외웠나 체크하는 거다.

- 김동혁(공무원 시험 9개 합격)

15 기억 브레인 라이팅

기억 브레인 라이팅은 수업에서 배운 내용을 생각나는 대로 백지에 적는 활동이다. 원래 브레인 라이팅(brain writing)은 머릿속에 떠오른 아이디어를 종이에 적어 내는 아이디어 발상 기법이다. 문제에 대한 다양하고 창의적인 해결책을 얻는 데 목적이 있다. 기억 브레인 라이팅은 말하기나 자기주장을 내세우기 꺼리는 학생도 쉽게 인출 연습을 할 수 있다. 학습 정리나 전시 학습 확인으로 효과적이다.

1. 모든 학생에게 백지를 1장씩 나눠 준다.
2. 교사가 "시작"을 알리면 각자 백지에 수업에서 배운 내용을 생각나는 대로 적는다. 이때 교과서를 볼 수 없으며, 말을 해서도 안 된다. 교사의 농담 등 수업에서 나온 내용이면 모두 가능하다.
3. 제한 시간이 지나면 교사는 "끝"이라고 말한다.
4. 각자 적은 단어의 개수를 기록한다.
5. 교사는 학급에서 가장 많이 쓴 학생의 단어 개수를 파악한다. 제일 많이 쓴 학생은 자리에서 일어나 내용을 하나하나 읽는다.
6. 다 읽은 후, 교사는 빠진 내용이 있는가를 전체 학생에게 물어보고, 추가해서 칠판에 적는다.

Tip

1. 3분 정도 복습할 시간을 주면 짧은 시간에 집중력 있는 복습이 이루어진다.

2. 어느 정도 시간이 흐른 후에 '찬스' 타임을 1분 정도 줄 수 있다. 이때 학생들은 교과서를 볼 수 있으며, 기록할 수는 없다. '찬스' 타임이 지나면 다시 기억해서 쓸 수 있다.

16 칠판 채우기

 칠판 채우기는 수업에서 배운 핵심 개념을 칠판에 3~5개 정도 적은 후, 지명된 학생이 나와서 세부 내용을 기억해서 쓰는 활동이다. 수업 정리 시간에 '기억 브레인 라이팅' 활동을 한 후에 하면 효과적인 복습과 인출 활동이 이루어진다.

1. 교사는 칠판 상단에 수업의 핵심 개념을 3~5개 정도 적는다. 예를 들어 '사회현상의 통합적 관점'에 대해 배웠다면 시간, 공간, 사회, 윤리라고 적고 칠판을 4칸으로 나눈다.

2. 학생들에게 복습할 시간을 3분 정도 준다. 누가 나와서 채워야 할지 미리 알려 주지 않는다. 그래야 모든 학생이 집중해서 복습한다.

3. 핵심 개념 수만큼의 학생을 지명한다. 교사가 직접 지명하기보다 1, 2, 3, 4모둠의 세 번째 학생 등으로 지명한다.

4. 지명된 학생은 교사가 정해 준 칠판 칸에 가서 배운 내용을 기억해서 쓴다. 칠판에 쓰는 학생은 인출 활동을 하게 되고, 자리에 앉은 학생들도 무슨 내용이 빠졌는가를 살피면서 배운 내용을 되뇌게 된다. 칠판에 다 쓴 학생은 자리로 돌아간다.

5. 교사는 판서 내용을 읽으면서 전체 학생들에게 빠진 내용이 있는지 묻는다. 학생들이 발표하면 교사는 추가해서 판서한다. 이를 통해

158

그날 배운 내용을 빠짐없이 인출하게 된다.

Tip

1. 일정 시간이 지난 후 지명된 학생에게 한 번의 찬스를 준다. 이때 자리에 가서 교과서를 보고 올 수 있다. 물론 이때도 교과서를 들고 와서는 안 되고 기억해서 써야 한다. 조금이라도 더 공부하게 하려는 의도이다.

2. 필자는 칠판 채우기 활동이 끝나면, 교사가 진로 희망인 학생 중 1명을 앞으로 나오게 해서 칠판 내용을 보고 설명을 하게 한다. 설명하는 학생은 교사의 꿈을 키우고, 듣는 학생은 다시 한 번 복습하게 된다.

칠판 채우기 모습

17 칠판 릴레이

칠판 릴레이는 모둠별로 수업 시간에 배운 내용을 순서대로 1명씩 나가서 칠판에 적고 돌아오는 활동이다. '칠판 채우기'가 개인별 활동이라면, '칠판 릴레이'는 모둠별로 협동해서 기록하는 활동이다. 제한 시간을 준 후 모둠에서 1명씩 나와서 배운 내용을 기억해서 쓰고, 제일 많이 기록한 모둠이 우승하게 된다. 학생들은 대기하는 시간 동안 칠판에서 빠진 내용을 찾기 위해 계속 교과서를 읽으면서 암기하게 된다. 역시 수업 정리를 위한 활동이지만, 전시 학습 복습용으로도 효과적이다. 나승빈 선생님의 『나쌤의 재미와 의미가 있는 수업』에서 배웠다.

1. 칠판을 모둠 수만큼 칸을 나누고, 칠판 상단에 모둠 이름을 적는다.
2. 모둠별로 1, 2, 3, 4번의 판서 순서를 정하게 한다.
3. 교사가 제한 시간을 알려 준다. 3분 정도가 적당하다. 제한 시간 내에 모든 학생이 한 번씩은 나와야 하는 것이 규칙이다.
4. 교사가 "시작"을 알리면, 각 모둠의 1번 학생이 나와서 수업 내용을 기억해서 쓴다. 1번 학생이 다 쓰면 모둠으로 가서 2번 학생과 터치한다. 모둠원이 다 돌아가면서 쓸 때까지 계속한다. 모둠 내에서 중복 내용은 안 된다.
5. 종료 시간이 되면 교사가 "끝"을 알린다. 가장 많은 내용을 쓴 모둠이

우승이다.

6. 교사는 가장 많이 쓴 모둠의 내용을 하나하나씩 읽어 준다. 필요한 경우 보충 설명이나 강조를 한다. 마지막에 빠진 내용이 있는가를 학생들에게 물어보고 추가한다.

Tip

1. 미리 모둠별로 '기억 브레인 라이팅'을 한 후 실시한다. 모둠에서는 협동이, 전체 학급에서는 경쟁하면서 효과를 높인다.

2. 판서 순서를 정하는 것도 중요한 전략이 될 수 있음을 미리 알린다.

3. 자리에서 대기하는 학생들은 교과서나 다른 모둠의 내용을 볼 수 있다.

4. 한 번 나갈 때마다 1개의 단어만 쓰고 들어오게 할 수도 있다. 이때는 릴레이가 계속된다. 이는 허승환 선생님의 『허쌤의 수업놀이』에 나오는 '칠판 이어달리기' 활동이다.

5. 개인별로 1분씩 시간을 할당해서 진행할 수도 있다. 1분이 지나면 다음 학생과 교대해야 한다. 이렇게 하면 한 학생이 독점하는 것을 막을 수 있다.

칠판 릴레이

- 모둠별로 오늘 수업 내용에 대해 '기억 브레인 라이팅' 활동을 한다.
- 모둠별로 칠판에 나와 쓰는 순서를 정한다.(전략상 중요)
- 첫째 학생이 기억나는 대로 쓴 후 자리로 돌아가서 다음 학생과 터치한다.
- 반드시 모든 모둠원이 한 번씩 나와야 한다.
- 제한된 시간 내에 가장 많은 내용을 쓴 모둠이 우승이다.

18 기억 빙고

    기억 빙고는 수업 후 배운 내용을 생각나는 대로 기억해서 빙고 칸에 적은 후 줄을 맞추는 활동이다. 미리 기억 빙고 놀이를 한다고 예고하면 수업의 집중력이 달라진다. 기억 빙고는 수업 정리 때 사용하지만, 동기 유발에서도 활용할 수 있다.

1. 수업 후 빙고 활동지를 배부한다. 수업 내용에 따라 16칸(4×4), 25칸 (5×5)으로 빙고 칸을 만든다.
2. 배운 내용을 공부할 시간을 준다. 3분 정도가 적당하다.
3. 학생은 기억한 내용으로 빙고 칸을 채운다.
4. 교사는 학생들이 빙고 칸을 완성한 것을 확인한 후 어떤 모양의 빙고 줄을 완성해야 하는지를 알려 준다. 보통 가로, 세로, 대각선 줄이 많이 사용된다.
5. 1명씩 돌아가면서 자신이 적은 단어를 발표한다. 발표된 단어가 빙고 칸에 있으면 동그라미를 한다.
6. 학생은 미리 정한 모양의 빙고 줄이 완성되면 "빙고!"라고 외친다.

1. 교사는 빙고가 나오더라도 계속 게임을 진행한다.

2. ㄱ빙고, ㄴ빙고, ㄷ빙고, ㅁ빙고, +빙고, 세모빙고, 대각선 빙고 등 다양하게 모양을 정할 수 있다.

3. 동기 유발에서도 빙고를 활용할 수 있다. 단원 제목을 제시한 후 생각나는 단어를 브레인 라이팅 기법으로 적게 하는 것이다. 예를 들어 행복을 주제로 수업을 한다면 행복하면 떠오르는 단어를 적게 한다. 그러면 수업 전에 주제에 대해 다양한 생각을 하게 되고, 이는 집중력과 수업 효과를 높인다.

기억 빙고

- 3분간 복습 후 기억한 내용을 빙고 칸에 적는다.
- 빙고 칸이 완성되면 돌아가면서 내용을 하나씩 발표한다.
- 발표된 단어가 자신의 빙고 칸에 있으면 동그라미를 한다.
- 정해진 모양이 완성되면 "빙고!"라고 외친다.

19 종이 찢기 빙고

종이 찢기 빙고는 가늘게 자른 종이를 8등분해서 수업에서 배운 단어를 8개 적은 후 1명씩 발표하는데 양 끝 가장자리에 있는 종이만 찢을 수 있는 활동이다. 마지막 1개가 남으면 빙고를 외칠 수 있다. 일반 빙고 놀이보다 훨씬 활동적이고 즐거운 빙고 놀이로 수업 정리를 재미있게 할 수 있다. 하브루타와 놀이 수업 전문가 최경연 강사로부터 배운 활동이다.

1. A4 종이를 긴 방향으로 4등분해서 자른다. 4개의 긴 종이가 나오면 4명이 나눠 가진다.
2. 긴 종이를 다시 3번 접어서 8등분이 되게 한 후 길게 편다. 그러면 8개의 빙고 빈칸이 생긴다.
3. 학생들은 수업에서 배운 단어를 8개 적는다.
4. 교사는 먼저 수업에서 나온 단어 1개를 부른다. 학생들은 그 단어가 종이 양 끝 가장자리에 위치한 경우 그 칸을 찢는다. 왼쪽, 오른쪽은 상관이 없다.
5. 교사는 다음 발표자를 지정한다. 발표한 학생은 다음 발표자를 지정한다. (앞에서 순서대로 발표할 수도 있다.)
6. 계속 진행하여 손에 마지막 1개 남은 학생은 "빙고!"를 외친다.

Tip

1. 기억해서 쓰게 하는 것이 가장 효과적이지만, 판서나 교과서를 보고 8개를 적을 수도 있다.

2. 같은 단어가 여러 번 중복되어 불릴 수도 있음을 알려 준다.

3. 시간 여유가 있으면 다음 "빙고!"를 외치는 사람이 나올 때까지 계속 진행할 수 있다.

4. 찢고 남은 종이는 찍과 가위바위보로 해서 이긴 사람이 진 사람에게 넘겨준나.

종이 찢기 빙고

- A4 종이를 긴 방향으로 4등분해서 잘라, 4명이 1장씩 나눠 가진다.
- 다시 종이를 3번 접어서 8등분이 되게 한 후 길게 편다.
- 8개의 빈칸에 수업에서 배운 단어를 각각 적는다.
- 단어를 부르면 종이 양 끝에 단어가 있을 경우 그 칸을 찢는다.
- 마지막 한 칸이 남으면 "빙고!"라고 외친다.

20 한마음 TOP 10 게임

한마음 TOP 10 게임은 수업에서 배운 내용을 교사와 모둠별로 각각 10가지씩 적은 후 교사와 같은 단어를 가장 많이 맞춘 모둠이 우승하는 활동이다. 가장 중요한 단어를 모둠별로 선정하는 동안 수업에서 배운 내용을 계속 말하면서 복습이 이루어지게 된다. 또한 교사와 가장 같은 단어를 많이 맞춘 모둠이 우승하므로 더 진지하게 단어를 선정하게 된다. 이 과정에서 더 중요한 것과 덜 중요한 것을 알게 되는 힘을 키울 수도 있다.

1. 개인별로 수업에서 배운 내용 중 가장 중요한 단어 10개를 기억해서 적는다. 교사도 별도의 종이에 10개를 적는다.
2. 모둠 활동지(A4)를 배부한다. 모둠에서 개인별로 돌아가며 발표하여 가장 많이 적힌 단어를 10가지 선정하여 모둠 활동지에 기록한다.
3. 교사는 단어를 1개씩 공개한다. 교사가 공개한 단어가 모둠 활동지에 포함되어 있으면 ○표를 한다. 순서는 상관없다.
4. 가장 많이 맞춘 모둠이 우승이다.

Tip

1. 활동 전에 3분 정도 복습할 시간을 주면 집중력 있게 공부한다.

2. 개인별로 기억해서 쓸 때, 시간이 지난 후 10가지를 못 적은 학생은 책을 보고 쓸 수 있게 한다.

3. 활동 후에 모둠별로 ○표를 하지 않은 단어를 발표하게 한다. 이를 통해 세세한 내용까지 되새겨 기억할 수 있다.

4. 시간이 부족하면 개인별 적기를 하지 않고, 바로 모둠별 적기를 할 수도 있다.

5. 교사는 말로 공개할 수도 있지만, PPT에서 1개씩 공개하면 훨씬 긴장감과 재미가 커진다.

6. 교사가 공개할 때마다 모둠에서 그 단어를 맞혔으면 손뼉을 치며 환호하게 한다. 훨씬 활기찬 수업이 될 수 있다.

7. 수업에서 다양한 TOP 10 게임을 할 수 있다. UN 행복지수, 유리천장지수, 세계 언론자유지수, 국가 부패인식지수 등 수업과 관련한 내용을 제시한 후, 그 나라들의 공통점을 찾게 하면 자연스럽게 수업 내용과 연계할 수 있다.

한마음 TOP 10

- 교사와 개인 : 수업에서 배운 가장 중요한 키워드 각각 10개 적기
- 모둠 : 개인별 돌아가며 발표, 가장 많이 적힌 키워드 10개 정하기
- 교사가 키워드를 1개씩 공개하기
- 교사의 키워드를 모둠에서 맞히면 손뼉 치며 환호하기
- 가장 많은 키워드를 맞힌 모둠이 우승

TOP 10 게임 활동지

주제 :		

구분	학생	교사
1		
2		
3		
4		
5		
6		
7		
8		
9		
10		

21 키워드 릴레이

    키워드 릴레이는 수업에서 배운 단어를 모둠에서 돌아가며 한 사람씩 쓰게 하는 활동이다. 가장 많은 개수를 적은 모둠은 발표를 하고, 이를 통해 1시간 동안 배운 내용을 파노라마처럼 되새길 수 있다.

1. 교사는 모둠별로 A4 종이를 1장씩 나눠 준다.
2. 교사는 3분 정도의 제한 시간을 알린다.
3. 교사가 "시작"이라고 말하면 모둠의 1번 학생이 수업에서 배운 중요 단어를 1가지 쓰고 2번 학생에게 넘긴다. 2번은 3번, 3번은 4번, 4번은 다시 1번에게 넘겨 계속 이어 쓰게 한다.
4. 더 이상 생각나는 단어가 없는 학생은 "패스"를 한다.
5. 교사는 제한 시간이 지난 후 "그만"이라고 한다. 모둠별로 쓴 단어의 개수를 적어 발표하게 한다. 가장 많은 단어를 쓴 모둠이 우승이다.
6. 가장 많은 단어를 쓴 모둠원 중에서 한 명이 일어나서 단어를 순서대로 발표한다. 이때 학생들은 자연스럽게 수업에서 배운 단어들을 상기하게 된다.
7. 발표가 끝나면 교사는 다른 모둠에게 혹시 나오지 않은 단어가 있는지 물어본다. 다른 모둠에서 추가로 나온 단어는 교사가 판서한다. 필요한 경우 설명을 추가한다.

1. 활동 전에 3분 정도의 전체 복습 시간을 주는 것이 효과적이다.

2. 1인당 한 번의 찬스 기회를 준다. 찬스 때는 다른 친구의 도움을 받거나, 교과서를 볼 수 있다.

3. 한 사람이 혼자서 계속 쓰는 일이 없도록 해야 한다. 따라서 3명이 연속해서 패스하여 혼자서 계속 써야 할 상황이 생기면 그 모둠은 게임을 중지해야 한다는 규칙을 만들 수 있다.

키워드 릴레이

- 제한 시간 : 3분
- 한 사람씩 수업 내용을 기억하여 릴레이식으로 돌아가며 쓰기
- 1인당 한 번의 찬스 기회 사용 가능 : 친구 도움, 교과서 보기
- 3명이 연속해서 패스하면 해당 모둠 게임 중지
- 가장 많은 내용을 쓴 모둠이 우승 및 발표

22 멘티 워드 클라우드

워드 클라우드(word cloud)는 핵심 단어를 시각화하는 기법이다. 주로 많은 양의 정보를 다루는 빅 데이터(big data)를 분석할 때 활용한다. 수업에서는 배운 내용 중 가장 중요하다고 생각하는 단어를 스마트폰에 적게 하여 정리 단계에서 활용할 수 있다. 10가지까지만 적을 수 있다.

전체 학생의 답변을 시각화하여 표현하는데, 빈도가 높은 단어는 크게 제시된다. 키워드를 입력하면서 배운 내용을 기억하게 되고, 워드 클라우드 내용을 전체 학생과 공유하면서 자신이 생각하지 못한 단어들을 되새기게 된다. 무엇보다 단 1개의 단어도 제외되지 않는다. 따라서 자신이 쓴 단어가 전체에게 공유되는 과정에서 자존감도 키울 수 있다. 코로나 19로 교실에서 말하기가 금지되면서 이 활동이 주목받고 있다. 학생들은 일체 말하지 않고도 내용은 전체 공유되기 때문이다.

교사

1. PC에서 멘티(menti.com) 사이트에 접속한다.
2. 화면 아래 [Powered By Mentmeter]를 클릭해서 회원 가입을 한다.
3. [New Presentation]을 누른다.
4. [Create New Presentation]이 나타나면 아래 네모 빈칸에 내용을 적는다. 예를 들어 '오늘 배운 내용 중 가장 중요하다고 생각하는 단어

'10개 적기'를 입력한다. 이후 아래의 파란 버튼 [Create Presentation]을 누른다.

5. 오른쪽 [Type] 메뉴에서 [Word Cloud]를 선택한다.

6. [Entries Per Participant]에서 원하는 숫자를 기입한다. 10개까지 쓸 수 있다. 기본값은 3이다. 필자는 보통 10개를 기입한다.

7. 오른쪽 상단의 파란색 버튼 [Present]를 클릭한다.

8. 학생들에게 휴대폰으로 멘티 사이트에 가서 화면 상단의 코드를 입력하게 한다. 휴대폰에 입력 칸이 나오면 학생들은 수업에서 가장 중요하다고 생각하는 단어를 10가지 적으면 된다.

9. 학생들이 입력한 단어를 아래와 같이 시각화하여 보여 준다. 오른쪽 아래 끝의 사람 모양 위에는 제출한 학생의 숫자가 표기된다.

학생

1. 스마트폰에 'menti.com'을 입력한다.

2. 코드 번호를 입력하고, 파란색 [Submit] 단추를 누른다.

3. 입력 화면이 나오면 배운 내용에서 중요하다고 생각하는 단어 10개를 기억해서 쓴 후 [Submit]을 누른다.

Tip

1. 익스플로러에서는 결과물이 보이지 않는 경우가 있다. 웹브라우저는 크롬을 쓰도록 한다.
2. 많이 입력된 단어일수록 가운데에 큰 글자로 표기된다. 교사는 이 단어를 중심으로 다시 한 번 정리할 수 있다. 또한 주변의 작게 표기된 단어도 언급함으로써 꼼꼼한 복습이 가능하다.
3. 책을 보지 않고 입력하게 해야 '기억해서 쓰기' 효과가 있음을 강조한다.

워드 클라우드

- 휴대폰에 입력

NAVER menti.com

- TV 상단의 코드 번호를 입력하고, [Submit] 클릭
- 수업에서 배운 내용 중 가장 중요하다고 생각되는 단어를 10가지 기억해서 쓴 후 [Submit] 클릭

23 요약과 배운 점 나누기

    요약과 배운 점 나누기는 수업에서 배운 내용을 각자 3가지 문장으로 요약한 후, 배우고 느낀 점을 적는 활동이다. 이를 모둠에서 돌아가면서 발표함으로써 배운 내용을 정리하고 복습할 수 있다.

    캘리포니아대학교 「강의 중 노트 필기의 생성 효과」 연구(Peper, R. J. & Mayer, R. E.)에 따르면, 수업이 끝날 때 노트에 요약 정리한 학생들은 필기만 한 학생보다 문제 풀이 시험에서는 10~15%, 세부 내용을 기억하는 시험에서는 13~17% 더 좋은 점수를 받았다. 이는 요약은 그대로 베끼는 것이 아니라 핵심 내용을 잘 선택해서 자신의 언어로 바꾸어 훨씬 기억을 강화하기 때문이다.

1. 학생들은 각자 배운 내용을 3문장으로 요약한다.
2. 네 번째 문장은 수업에서 배우고 느낀 점을 적는다.
3. 모둠에서 돌아가며 4가지 문장을 발표한다.
4. 요약과 배운 점을 가장 인상 깊게 적은 학생을 선정한다.
5. 모둠별로 1명씩 발표한다.

Tip

1. 요약할 때 교과서를 참고하게 할 수 있다. 교과서 내용을 꼼꼼하게 읽으면서 복습 효과를 높인다.

2. 친구의 발표가 끝나면 손뼉을 쳐서 응원한다. 수업을 활기차게 하고 경청하게 한다.

요약과 배운 점 나누기

- 수업에서 배운 내용을 3문장으로 요약 : 교과서 참고 가능
- 배우고 느낀 점을 1문장으로 적기
- 모둠에서 돌아가며 발표
- 가장 인상 깊게 적은 모둠원 선정
- 모둠별 1명씩 전체에 발표

질문하기 활동

개념에 대한 탐구를 추동하는 핵심 질문이
수업의 구심점이 되는 것이 요구되며
지식 자체가 아니라 지식을 탐구하는 태도와
탐구에 필요한 능력을 학생에게 길러 주는 것이 중요하다.

- 정혜승(경인교대 교수)

퀘스천스토밍(Question-Storming)은 브레인스토밍에서 따온 질문 활동이다. 브레인스토밍은 각자가 가진 아이디어를 최대한 많이 제시하고, 이 가운데 더 좋은 아이디어를 창출해서 문제를 해결하는 기법이다. 이에 비해 퀘스천스토밍은 주제에 대해 질문을 마구 떠올려 보는 활동으로 창의적인 생각을 이끌어 내기 위한 질문 기법이다.

혁신 전문가인 워런 버거(Warren Berger)는 『어떻게 질문해야 할까』에서 브레인스토밍에 비추어 퀘스천스토밍의 효과를 다음과 같이 설명한다.

"브레인스토밍은 아이디어 발상을 위해 많이 사용된다. 그러나 종종 압박감 혹은 주변의 억제 때문에 막히는 경우가 있다. 그런데 질문을 하면 이 부분이 적어진다. 질문은 아이디어보다 떠올리기 쉽다는 장점도 있다. 대기업을 대상으로 퀘스천스토밍의 효과를 연구한 결과, 기존의 브레인스토밍보다 훨씬 효과적임을 발견했다."

수업에서는 보통 10개 이상의 질문을 만들게 한다. 5~6개까지는 금방 만든다. 하지만 10개 이상을 만들기는 쉽지 않다. 질문을 짜 내려고 애쓰는 가운데 문제의 본질에 접근하게 되는 경우가 많다.

친구들이 만든 질문을 보면서 자신이 미처 생각하지 못한 내용에 정신이 번쩍 드는 경우가 있으며, 핵심 질문을 전체와 공유하면 문제 해결 방법이 도출되기도 한다. 교사가 의미 있는 질문을 소개하는 것만으로 생각을 자극한다. 온라인 수업일 때는 패들렛을 활용하면 전체와 공유하기 쉽다. 대단원 도입 단계에서 실시하면 배울 내용에 호기심을 갖게 하고, 질문을 수업 내용과 연결하여 설명할 수 있다.

 나태주의 '풀꽃'으로 퀘스천스토밍을 했을 때 다음과 같은 다양한 실문이 나왔다.

- 예쁘다와 사랑스럽다의 차이는?
- 자세히 본다는 의미는 무엇인가?
- 오래볼수록 사랑스러운 것은 뭐가 있을까?
- 시인은 왜 이 시를 만들었을까?
- 누구나 자세히, 오래 보면 예쁘고 사랑스러움을 느끼게 될까?
- 자세히 보려면 어떻게 보아야 하는가?
- 오래는 얼마나 오랜 시간을 보아야 하는가?
- 자세히 본다는 것은 외형적, 내면적 중에 무엇을 말할까?
- 인간의 존엄성을 자연에게도 부여할 수 있을까?
- 예쁘다는 것은 어떤 상태인가?
- 사랑스러운 것은 어떤 상태인가?
- 나에게 풀꽃 같은 존재는 누구일까?
- 나의 예쁘고 사랑스러운 점은 무엇일까?
- 내가 좋아하는 풀꽃은 무엇인가?
- 자세히 보지 않아도 예쁜 것은 없는가?
- 오래 보아도 사랑스럽지 않은 것은 없는가?
- 타인에게 꼭 예쁘고 사랑스럽게 보여야 하는가?
- 이 시는 무엇 때문에 유명한가?

25 DVDM 질문법

　DVDM은 정의(Definition), 가치(Value), 난관(Difficulty), 해법(Method)의 영문 머리글자를 따온 것이다. 이는 수업에서 개념을 구체화하고 탐색을 통해 문제를 해결하는 과제에 적합한 질문법이다. 조직개발 컨설턴트인 구기욱 대표가 수년간 퍼실리테이션을 수행한 경험을 바탕으로 개발한 질문법이다.

　수업에서 주제나 개념을 제시하고, 포스트잇에 각각의 내용을 적게한 후, 칠판에 붙이게 하여 전체와 공유한다. 예를 들어 행복, 정의, 인권, 자유, 민주주의, 통일, 세계화 등의 주제 수업에 용이하다.

　필자는 통합사회 행복 단원 첫 시간에 이 수업을 하였다. 한 학기 동안 배울 내용에 대해 자연스럽게 알고 있는 지식을 끌어내고, 배울 내용에 대해 호기심을 갖게 했다. 또한 학생이 적은 내용을 교사가 읽으면서 수업 내용과 연결하기도 했다.

1. Definition(정의 질문) : "○○란 무엇인가?" 질문을 통해 주제에 관한 개념을 명확하게 한다. 개념에 대한 다양한 생각을 확인할 수 있으며, 이를 통해 개념을 명료화한다.
2. Value(가치 질문) : "○○이 왜 중요(필요)한가?" 또는 "왜 알아야 하는가?" 질문을 통해 주제 개념이 어떤 가치를 지니는지를 확인한다. 주제에

대한 이해 폭을 넓히고, 중요성을 깨닫게 하여 참여 동기를 높인다.

3. Difficulty(난관 질문) : "○○하기 어려운 이유는?" 질문을 통해 개념이 실현되기 어려운 점을 알아본다. 주제 개념이 실현하기 어려운 이유를 확인하는 과정을 통해 근본적인 문제의 원인을 탐색한다.

4. Method(해법 질문) : "어떻게 문제를 해결할 것인가?" 질문을 통해 개념을 실현하고 개선하는 데 필요한 방법을 탐색한다. 이를 통해 문제 해결에 대한 다양한 방법을 모색하고 공유한다.

Definition ○○란 무엇인가? 개념을 명료화	Value ○○이 왜 중요(필요)한가? 개념 중요성 탐색
Difficulty ○○하기 어려운 이유는? 문제 원인 탐색	Method 어떻게 문제를 해결할 것인가? 해결 방안, 개선 방안

Tip

1. 수업 주제에 따라 일부를 생략할 수 있다. 예를 들어 가치, 난관, 해법만으로 충분한 주제라면 필요한 것만 하면 된다.

2. 학년 초에 과목 이름으로 활동하면 과목에 대한 이해를 높일 수 있다. 예를 들어 "수학을 왜 알아야 하는가?", "수학이 왜 어려운가?", "어떻게 하면 수학을 잘할 수 있을까?"를 쓰게 하면 공부 동기를 높일 수 있다.

3. 수업 후 칠판에 그대로 두어서 쉬는 시간에 학생들이 친구의 생각을 볼 수 있도록 한다.

4. 교사가 포스트잇을 전체 학생에게 읽어 주면서 의미 있는 내용에 대해서는 적은 학생을 손들게 하여 왜 그렇게 적었는지 질문한다. 자연스럽게 학생의 생각을 전체와 공유할 수 있다. 그리고 좋은 내용의 포스트잇을 적은 학생에게는 전체 박수를 유도한다.

DVDM 질문 전략

- D(Definition) 정의 : ○○란 무엇인가?
- V(Value) 가치 : ○○이 왜 중요(필요)한가?
- D(Difficulty) 난관 : ○○하기 어려운 이유는 무엇인가?
- M(Method) 해법 : 어떻게 문제를 해결할 것인가? 개선 방안은?

DVDM 수업 장면

26 KWLM 질문 전략

KWLM 질문 전략은 이미 알고 있는 것(Know), 알고 싶은 것(Want), 배운 후 알게 된 것(Learned), 더 알고 싶은 것(More)를 차례로 표에 적어 보는 활동이다. 기존에 알고 있는 것과 알고 싶은 것, 알게 된 것을 질문 형식으로 구현하여 메타인지를 높일 수 있다.

이는 독서 기법으로 1986년에 도나 오글(Donna Ogle)에 의해 만들어 진 KWL Chart를 수업에 활용할 수 있게 보완한 것이다. 수업에서는 더 알고 싶은 것(Want To Know More)에 대한 질문을 추가하여 지적 호 기심을 자극하고, 탐구 활동으로 이어지게 할 수 있다.

도입 활동	Know	배경 지식	이미 알고 있는 것은? 떠오르는 단어나 내용은?
	Want To Know	학습 목표	알고 싶은 것은? 알아야 할 것은?
정리 활동	Learned	배운 점	글을 읽고 알게 된 것은? 배운 것은?
	Want To Know More	추가 질문	더 알고 싶은 것은? 여전히 궁금한 것은?

1. K(What I Know?) : 주제에 대해 알고 있는 것을 적는다. 단원 제목을 제시한 후 이미 알고 있는 내용이나 지식을 적게 하면 된다. 수업 내용에 대해 학생들이 기존에 알고 있는 배경지식을 끄집어내 배우게 될 지식과 연결하는 질문이다.

2. W(What I Want To Know?) : 주제에 대해 알고 싶은 것을 적는다. 학습 목표로 질문 만들기 활동을 할 수도 있다. 주제에 대한 호기심을 유발하여 학습 동기를 높이는 질문이다.

3. L(What I Have Learned?) : 두 번째 질문(Want)에 대한 해결 내용을 적는다. 또는 수업 시간에 배워서 알게 된 내용을 적는다. 배운 내용을 정리하고 구조화할 수 있다.

4. M(What I Want To Know More?) : 배운 내용에 대해 더 알고 싶은 내용을 적는다. 추가 질문을 통해 자기주도적이고 심화 탐구 활동으로 연결할 수 있다.

Tip

1. 프로젝트 수업 시 주제 선정 후 구체적인 탐구 활동을 하기 위해 활용하는 경우가 많다.

2. 네 번째 활동(M, 더 알고 싶은 것)은 질문 하브루타 활동과 연결하여 수업한다. 각자가 만든 질문을 짝 활동과 모둠 활동을 거쳐 모둠 질문을 선정한다. 선정된 모둠 질문을 칠판에 적게 한 후 교사가 적절하게 정리하면 된다.(전체 질문 주고받기, 토론, 질문에 대한 자기 생각 적기 등)

3. 네 번째 활동을 H(How, 어떻게 할 것인가, 방법 정하기, 활동 계획)로 바꿀 수도 있다.

4. 필자는 교사 대상 연수에 자주 활용한다. 프로젝트 수업, 하브루타를 주제로 연수한 후 포스트잇에 각자의 생각을 써서 전체와 공유한다. 연수 시작할 때 K, W를 포스트잇에 적어서 붙이게 하고, 연수 정리 단계에서 L, M을 적어서 붙이게 한다. M(더 알고 싶은 것)을 통해 교사들의 질문으로 더 소통하는 연수를 할 수 있다.

KWLM 활동지

순서	내용
K(Know) 알고 있는 것	
W(Want) 알고 싶은 것	
L(Learn) 알게 된 것	
M(More) 더 알고 싶은 것	

KWLM 질문 전략

- K(Know) : 단원 주제에 대해 알고 있는 내용 적기(단어, 개념 등)
- W(Want) : 주제에 대해 알고 싶은 내용 적기
- L(Learned) : 수업 시간에 알게 된 내용 적기
- M(More) : 더 알고 싶은 것 적기

27 스캠퍼 질문법

    스캠퍼(SCAMPER)는 브레인스토밍의 창시자 알렉스 오스본이 만든 창의적인 아이디어 발상법이다. 이를 질문 형식으로 바꾼 스캠퍼 질문법은 기존의 방식에서 벗어나 다양한 시각에서 사물과 사회 현상을 바라보게 한다.

    스캠퍼 질문은 소설 등 스토리가 있는 내용, 사실이나 사건에 대한 다양한 접근, 발명 관련 분야에서 효과적이다. 다음은 필자의『하브루타 4단계 공부법』에 소개한 내용이다.

단계	질문	사례
Substitute (대체, 바꾸기)	A를 B로 바꾸면?	종이 빨대, 종이컵 수경 재배, 콩고기
Combine(결합)	A와 B를 합치면?	스마트폰, 복합기, 롤러스케이트
Adapt(응용, 적용)	응용해 볼까?	갈고리씨앗 → 찍찍이
Modify(수정), Magnify(확대), Minify(축소)	수정(확대, 축소)해 보면 어떨까?	노트북, 대형 TV, 콘택트렌즈
Put To Other Uses (다른 용도)	다른 용도로 사용하 면?	우산 → 양산 포스트잇, 물안경
Eliminate(제거)	일부를 없애면?	무선 마우스, 수능폰, 디카페인 커피
Rearrange(재배열) Reverse(반대로)	거꾸로 하면? 반대로 하면?	양면 테이프

문제나 주제를 스캠퍼 질문에 맞추어 새로운 아이디어가 나올 수 있는지 살펴본다. 예를 들어 스캠퍼 질문에 자전거를 대입하면 다음과 같은 다양한 사례가 나온다.

단계		내용
S	대체	알루미늄이나 카본 자전거, 킥보드
C	결합	전기 자전거, 바구니 달기
A	응용	접이 자전거, 바퀴 회전으로 솜사탕 만들기
M	수정	커플 자전거, 산악자전거, 세발자전거
P	용도	헬스 자전거
E	제거	외발 자전거
R	반대	핸들이 뒤에 있는 자전거

Tip

1. 꼭 7가지 질문을 모두 만들기보다는 문제에 맞게 3~5개만 활용해도 충분하다.
2. 단계별 사례를 1~2개 정도 교사가 미리 알려 주면 학생들의 활동에 도움이 된다.

스캠퍼(SCAMPER)

· 대체(Substitute) : A를 B로 바꾸면?

· 결합(Combine) : A와 B를 합치면?

· 응용·적용(Adapt) : 응용해 볼까?

· 수정(Modify)·확대 (Magnify)·축소(Minify) : 수정(확대·축소)하면?

· 용도 바꾸기(Put To Other Uses) : 다른 용도로 사용하면?

· 제거(Eliminate) : 일부를 없애면?

· 반대(Reverse) : 거꾸로 하면?

28 5WHY 기법

5WHY 기법은 어떤 문제의 근본 원인을 파악하기 위해 5번의 질문을 통해 문제를 해결하는 기법이다. 문제의 원인이 나오면 다시 그 원인이 발생한 이유를 묻는다. 이처럼 계속된 질문을 통해 문제의 보이지 않는 근본 원인을 찾는 방법으로, 일본 도요타 자동차가 세계적인 기업으로 발돋움하기 위해 사용한 전략으로 유명하다.

<문제> 자동차 생산 라인이 갑자기 멈추었다.	
1차 WHY	왜 기계가 멈추었을까? 답 : 전력 과부화로 인해 전원 퓨즈가 끊어졌다.
2차 WHY	왜 전력 과부하가 발생했을까? 답 : 기계의 베어링이 뻑뻑해졌기 때문이다.
3차 WHY	왜 베어링이 뻑뻑해졌을까? 답 : 윤활유가 부족했다.
4차 WHY	왜 윤활유가 부족했나? 답 : 펌프가 윤활유를 충분히 빨아올리지 못했다.
5차 WHY	왜 펌프가 윤활유를 충분히 빨아올리지 못했을까? 답 : 윤활유 펌프에 먼지가 많이 쌓여 있었다.
해결책	윤활유 펌프에 먼지를 깨끗이 청소한다.

단순히 전원 퓨즈나 베어링만 교체했다면 근본적인 원인 해결이 되지 않아 문제가 반복되었을 것이다. 이처럼 보이지 않는 근본 문제를 찾는 질문을 통해 문제를 해결하는 것이 5WHY 기법이다. 수업에서 꼬리에 꼬리를 무는 질문을 통해 학생들이 더 깊은 사고를 하게 한다.

동기 유발 활동으로 "왜 행복해야 하는가?", "왜 사회는 정의로워야 하는가?" 등의 수업 수제와 관련한 질문을 제시한 후, 5WHY 기법 질문 활동을 통해 지적 호기심을 키울 수도 있다.

1. 해결해야 할 문제를 적는다.
2. 1차 WHY : 문제가 왜 발생했는가를 적고 그 밑에 문제의 원인을 적는다.
3. 계속해서 원인에 대해 질문하고, 그에 대한 답을 적는다.
4. 5번의 WHY를 통해 근본적인 해결책을 찾는다.

Tip

1. 질문의 횟수보다 질문을 통해 생각하는 것이 중요하다. 따라서 문제에 따라서 3WHY, 4WHY로 충분한 경우도 많다.
2. 모둠에서 서로 발표한 후 모둠 우수작을 선정해 전체에 발표한다.
3. 첫 시간에 "왜 국어를 배울까?", "왜 수학을 배울까?" 등 과목을 배우는 이유를 문제로 제시할 수 있다. 이를 통해 과목에 대한 동기를 부여할 수 있다.
4. 수업뿐만 아니라 "왜 공부를 해야 할까?", "왜 욕설을 사용할까?" 등 인성, 생활 문제에도 적용할 수 있다. 학생 개인 상담 때 잘못된 습관, 가장 해결하고 싶은 문제나 고민으로 실시할 수도 있다.

5WHY 활동지

5WHY 활동

3 반 22 번 이름 최서현

문제	한국인은 경제력에 비해 행복도가 낮다.	
1차 WHY	질문	왜 한국인른 경제력에 비해 행복도가 낮을까?
	답	자유로운 외국에 비해 정해진 시간에 체계에 맞춰서 일을하기 때문이다
2차 WHY	질문	왜 우리나라 직장은 자유롭지 않을까?
	답	아침 일찍 일어나 출근하고 계속 일하다가 6~8시쯤 퇴근하고 야근를 하는 체계가 고정되어서
3차 WHY	질문	왜 이런 체계가 고정 되었을까?
	답	급하게 큰 발전을 이룩기 위해서는 그런 체계가 필요 했기 때문이다.
4차 WHY	질문	왜 급하게 발전 해야 했을까?
	답	그 시기 다른 발전된 나라에 비해 우리나라는 가난하고 엉망이었다.
5차 WHY	질문	왜 가난하고 엉망이었을까?
	답	일제강점기, 전쟁, 민주화 운동 등을 하면서 발전이 늦어짐
결론		경제력이 어느정도 안정되고 큰 발전을 이루었으니 외국의 사례를 참고해 자율적인 분위기의 직장을 만든다.

190

29 질문 갤러리 워크

갤러리 워크는 미술관에서 도슨트(Docent)가 관람객에게 작품을 설명하듯이, 모둠의 토론 결과에 관해 설명하는 활동이다. 도슨트는 '가르치다'라는 뜻의 라틴어 'Docēre'에서 파생한 말로 미술관이나 박물관 등에서 전시 작품을 설명하는 사람을 말한다.

주어진 주제에 대해 모둠에서 토론하여 발표 자료를 만든 후 관람객에게 설명한다. 관람객은 각 모둠 도슨트의 발표를 순회하면서 듣고 질문한다. 주제에 대해 토론하고, 설명하는 과정에서 수업 내용을 반복하고, 깊이 있는 생각을 하게 된다. 또한 다른 모둠의 설명을 들으면서 다양한 아이디어를 배우게 되고, 질문을 통해 경청과 비판적 사고력을 키운다. 결국 개인의 생각이 모둠 발표 자료로 만들어지고, 전체 학급의 결과물로 공유되는 것이다.

1. 교사는 모둠별로 발표 과제를 제시한다.
2. 모둠별로 토론과 협의를 통해 발표 내용을 만든다. 통합사회 수업에서는 환경 문제 해결을 위한 노력을 기업, 정부, 시민 단체로 나누어 작성하게 했다. (1·2모둠은 기업, 3·4모둠은 정부, 5·6모둠은 시민 단체) 단, 문제, 원인, 대책으로 나누어 작성한다.
3. 완성된 발표 자료를 교실 곳곳에 붙여 갤러리로 만든다.

4. 모둠에서 2명씩 짝을 짓는다. 2명은 도슨트가 되고, 2명은 방문객이 되어 다른 모둠으로 가서 설명을 듣고 질문한다.

5. 도슨트 중에서 1명은 설명하고, 다른 1명은 관람객의 질문을 기록한다. 설명과 기록 역할은 중간에 교대해서 골고루 설명 기회를 갖도록 한다. 관람객은 개인별로 각각 질문을 해야 한다.

6. 모든 모둠을 돌고 난 후 역할을 바꾼다. 도슨트는 관람객이 되고, 관람객은 도슨트가 된다.

7. 탐방이 끝나면 원래 모둠으로 돌아와서 최고 질문을 선정한 후 판서한다.

8. 교사는 판서 된 모둠별 최고 질문으로 수업을 정리한다.

Tip

1. 2차시 수업으로 1차시에는 모둠 발표 자료 만들기, 2차시에는 갤러리 워크로 실시한다.
2. 교사는 적절한 시간(3~5분)이 지나면 다른 모둠으로 이동하게 한다.
3. 교사도 각 모둠을 순회하면서 모둠별 발표 내용을 관찰, 기록, 평가할 수 있다.

질문 갤러리 워크

· 모둠별로 발표 자료를 만들어 교실에 붙이고, 도슨트(2명)와 관람객(2명) 역할을 정한다.
· 도슨트 중 1명은 설명하고, 1명은 질문을 기록한다.(중간에 역할 교대)
· 관람객은 다른 모둠에 가서 설명을 듣고 질문을 한다.
· 모둠 순회를 마치면 도슨트와 관람객의 역할을 교대한다.
· 모든 탐방이 끝나면 모둠으로 돌아와서 베스트 질문을 정하고 판서한다.

질문 기록지

조	질문	질문 평가		
		상	중	하
1조				
2조				
3조				
4조				
5조				
6조				

30 질문 월드 카페

월드 카페란 여러 명이 함께 아이디어를 도출, 공유하는 대화 방법이다. 4~5명 단위로 팀을 구성하여 대화를 시작하여 구성원들이 서로 교차하여 대화를 이어나감으로써 많은 사람이 함께 대화할 수 있다(Brown, Isaacs & The world cafe community, 2001). 최소 20명 이상의 참여자를 대상으로 실시되며, 자연스럽게 자리를 이동하며 토론을 한다. 이는 협력적 대화를 통해 다양한 생각을 창출하는 과정에서 집단 지성의 힘을 보여 주는 토론 방식으로 교육뿐만 아니라 다양한 분야에서 활용되고 있다.

질문 월드 카페는 모둠별로 다른 질문을 선정한 후 모둠을 이동하면서 질문에 대해 생각을 나누는 활동이다. 모둠에서 질문에 관해 토론한 후 카페 주인과 손님으로 역할을 나눈다. 이후 카페 주인만 남고 손님은 다른 모둠을 방문한다. 카페 주인은 다른 모둠의 손님을 맞아 설명하고, 손님은 기존의 설명에 새로운 생각이나 설명을 추가한다.

질문 월드카페 토론의 장점은 다양한 질문에 대해 카페에서 수다를 떨 듯이 자연스럽게 자기 생각을 말할 수 있다는 점이다. 따라서 유연한 생각으로 다양한 의견이 제시될 수 있다. 그리고 각 개인의 생각이 모둠뿐만 아니라 학급 전체에 전달될 수 있다.

1. 교사는 자료를 제시하고 학생들은 자료를 읽고 개별로 질문을 3개 만든다. 이때 수업에서 배운 내용이나 교과서에서 질문을 만들게 할 수도 있다. 질문을 여러 개 만들게 하는 이유는 보다 깊고 다양한 생각을 하는 데 도움을 주기 때문이다.

2. 모둠에서 개인별로 가장 좋은 질문을 1개씩 발표한다. 자신이 왜 이 질문을 만들었는지에 관해 설명한다. 질문에 대해 각자 돌아가면서 자기 생각을 발표할 수도 있다.

3. 모둠에서 가장 좋은 질문(모둠 질문)을 선정한다. 이때 모둠 질문을 만든 사람은 카페 주인이 된다. 모둠 질문에 대해 각자의 생각을 발표하고 카페 주인은 기록한다. 가능한 전지나 큰 종이에 기록하는 것이 전체의 생각을 공유하는 데 도움을 준다.

4. 카페 주인은 남고 나머지는 손님이 되어 옆 모둠으로 이동한다. 예를 들어 1모둠원은 2모둠으로, 2모둠원은 3모둠으로 이동한다.

5. 카페 주인은 손님들에게 자기 모둠의 질문과 모둠원의 생각에 대해 설명한다. 손님은 각자 질문에 대해 기존의 생각 외에 다른 생각에 대해 말한다. 이를 카페 주인은 이어서 기록한다.

6. 교사는 적절한 시간을 안배하여 4~5번을 반복하게 한다.

7. 모든 카페를 순회하면 각자의 모둠으로 돌아간다. 모둠 질문에 대한 다른 손님들의 생각을 함께 읽고, 다양한 생각을 종합하여 발표문을 작성한다. 이후 각 모둠의 카페 주인은 모둠 질문과 발표문을 발표한다. 발표문을 칠판이나 게시판에 부착하면 모든 학생에게 전체 의견을 공유할 수 있다.

1. 질문이 아닌 토론 주제를 모둠에서 정하거나, 교사가 모둠별로 과제를 제시할 수 있다.

2. 여러 카페를 이동해야 하므로 한 카페에서 머무를 수 있는 시간을 미리 정한다. 5분 내외가 적당하며, 1분 전에 교사는 벨을 통해 미리 알린다.

3. 질문에 대한 생각은 포스트잇에 적을 수도 있다. 7번 단계에서 비슷한 내용끼리 묶어서 분류하게 하면, 가장 많은 의견을 정할 수도 있고, 전체 의견 정리에 용이하다.

4. 교사는 잔잔한 음악으로 카페 분위기를 만들어 줄 수도 있다.

5. 협동 학습의 '하나 남고 셋 가기' 활동과 비슷하다.

질문 월드 카페

• 개인별로 3개의 질문을 만든 후 가장 좋은 질문을 모둠에서 발표한다.

• 모둠 질문을 선정한다. 이때 모둠 질문을 만든 사람이 카페 주인이 된다.

• 카페 주인은 남고 나머지는 옆 카페에 가서, 다른 질문에 대한 생각을 말한다. 각 카페 주인은 손님의 생각을 기록한다.

• 같은 방법으로 모든 카페를 순회한다.

• 카페 주인은 전체 내용을 정리, 발표한다.

31 철학적 탐구공동체 수업모형

철학적 탐구공동체 수업은 철학적 질문을 공동체가 함께 탐구하면서 사고력을 키우는 수업이다. 이는 미국의 매튜 립맨(Matthew Lipman) 교수에 의해 정립된 수업모형이다. 전국 단위의 연구 모임으로 '한국 철학적 탐구공동체 연구회'가 있고, 울산에서는 교사 모임인 '소크라테스 카페'를 통해 활발한 활동을 하고 있다. 교육부 중앙교육연수원에서 「생각을 키우는 수업, 철학적 탐구공동체」라는 제목으로 15차시 연수를 무료로 실시하고 있다.

철학적 탐구공동체 수업은 문제의 본질에 접근하기 위해 질문을 매개로 탐구한다. 립맨 교수는 사고력과 창의력을 끌어내기 위해 질문을 선택했다. 그 이유는 질문은 '생각에 대한 생각'이기 때문이다. 한국 철학적 탐구공동체 연구회에서 펴낸 『생각하는 교실 철학하는 아이들』에서 서울교육대학교 김혜숙 교수는 '철학은 질문이다.'라고 정의한다. 왜냐하면 "무엇일까?", "왜지?", "어떻게 해야 하지?" 같은 질문은 생각을 열어 주고 답을 찾기 위한 탐구로 이끌어 주기 때문이다. 또한 철학은 행복, 사랑, 국가, 정의, 자유, 옳음 등 삶의 바탕을 이루는 중요한 개념들에 대해서 질문한다. 아울러 철학은 본질적 근원에 대해 질문하고, 무엇이 옳은 것인지, 좋은 것인지, 아름다운 것인지, 어떤 점에서 그런지 등 가치에 대해 질문한다.

이러한 철학적 질문은 탐구공동체를 통해 해결해야 한다. 그 이유는 삶에 영향을 미치는 철학적 질문을 숙고하고 성찰하는 과정에 개인의 인지적, 심리적 한계가 있기 때문이다. 또한 탐구공동체 활동이 개인의 사고력과 판단력을 키워 주기 때문이다. 립맨은 '생각은 곧 대화'라고 주장했는데. 공동체에서 다른 사람과의 대화가 생각을 키우는 원동력이 된다는 의미이다. 중앙교육연수원의 철학적 탐구공동체 연수에서 박상욱 교사는 립맨의 철학적 탐구공동체 수업 진행 절차를 다음과 같이 소개한다.

단계	내용
텍스트 읽기	· 이야기 형태의 교육 자료 · 소리 내어 돌아가면서 읽기
질문 만들기	· 질문은 문제를 제기하는 것 · 탐구의 시작
토론하기	· 탐구 질문에 대한 문제 해결의 과정
연습 문제 활용하기	· 교사가 사전에 계획한 토론 계획, 연습 문제 활용 · 다양한 철학적 쟁점과 대안 제시
심화 표현하기	· 토론에서 얻은 아이디어를 다양한 매체를 통해 표현 : 글쓰기, 그림, 역할극, 사진 등 · 생각의 확장, 의미의 심화

립맨의 수업모형을 바탕으로 우리 교실에서는 다음과 같은 절차로 철학적 탐구공동체 수업이 진행되고 있다.

단계	수업 내용(학생 활동)
질문 만들기	· 교과서 읽기 · 개인별로 2~3개의 질문 만들기
모둠 질문 선정	· 모둠에서 각자 질문 발표 · 토론으로 모둠 최고 질문 선정 후 판서
질문 분류와 수정	· 비슷한 내용의 질문끼리 분류 · 토론 주제로 적합하게 질문 내용 수정
토론과 정리	· 학급 최고 질문 선정 · 전체 토론과 교사의 정리
철학적 글쓰기	· 배운 내용으로 철학적 글쓰기 · 기타 다양하게 표현하기

■ 질문 만들기

책을 읽고 개인 질문을 만든다. 1개의 답이 있는 질문보다 다양한 생각과 해답이 나오는 질문을 만들게 한다. 1개만 만드는 것보다 여러 개를 만드는 것이 좋다. 왜냐하면 질문을 만들기 위해 애쓰는 만큼 생각의 양이 늘어나기 때문이다.

■ 모둠 질문 선정

모둠 토론에서 대표 질문을 고른다. 각자 만든 질문 중 학급에서 함께 토론하고 싶은 것을 골라 모둠에서 발표한다. 질문을 만든 이유와 자신의 생각, 알고 싶은 것 등을 말한다. 이 과정에서 모둠원 간에 토론이 일어난다. 각자 발표 후 모둠 대표 질문을 정한다. 대표 질문을 만든 학생은 내용을 요약해서 판서한다.

■ 질문 분류와 수정

교사는 질문을 분류하고 수정한다. 판서된 질문 중에 비슷한 내용이 있는지를 학생에게 물어보고 묶는다. 비슷한 질문을 묶어 1개를 선택할 때도 학생들이 선택하게 하고 이유를 묻는다. 그리고 질문 내용이 명확하지 않은 경우 학생과 함께 내용을 수정한다.

■ 토론과 정리

학급 대표 질문을 정하고 토론한다. 판서된 질문 중에서 학급에서 함께 토론하고 싶은 질문 1개를 선정한다. 보통 다수결로 한다. 거수하기 전에 질문을 만든 사람들이 차례로 질문 내용에 대해 발표하게 할 수도 있다. 학급 최고 질문으로 교사는 전체 토론을 진행한다. 교사는 학생들이 의견을 주고받는 과정에서 적절하게 개입하고 칠판에 내용을 정리한다. 토론 후 교사는 학습 내용을 최종 정리한다.

■ 철학적 글쓰기

철학적 글쓰기를 통해 내면화한다. 토론 과정에서 새로 알게 된 점, 배우고 느낀 점 등을 적게 한다. 필요한 경우 만화나 신문 보도 형태, 역할극, 단편 소설 등으로 표현할 수 있다.

철학적 탐구공동체 수업 절차

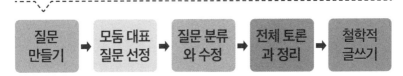

다음은 울산 외국어고등학교 김기현 선생님의 수업 사례이다. 3학년 '정치와 법' 교과를 1학기(3시수)에 마쳐야 하는 상황이어서 질문 활동과

토론 시간 확보를 위해 거꾸로 수업으로 운영했다. 주말 동안 다음 주에 학습할 교과 내용 동영상 시청 및 교과서를 읽어 오는 것을 원칙으로 진행했다. 동영상 업로드는 코로나 상황을 대비하여 EBS 온라인 클래스를 활용했다.

수업에서는 닫힌 질문으로 기본 개념이나 용어의 의미를 명확히 이해한 후, 열린 질문을 통해 철학적 탐구가 이루어지는 방향으로 운영한다. 학생들은 수업일기를 통해 활동 내용을 기록하고 수업에 대한 자기 생각과 이유를 정리한다. 수업일기는 평가와 생활기록부 기록 자료로 활용한다.

본격적인 수업 전에 수업 흐름을 소개하는 오리엔테이션으로 그림책 『네모 상자 속 아이들』(토니 모리슨)로 질문 수업을 진행했다. 이 책은 공동생활의 규칙을 지키지 않은 아이 3명이 자유로운 생활로부터 구속당하면서 느끼는 생각을 펼쳐 보이는 내용으로, 자유란 무엇인지에 대해 생각하게 만드는 작품이다. 학생들은 다음과 같은 질문을 만들고 토론했다.

- 진정한 자유란 무엇인가?
- 타인에게 피해를 주는 행동도 자유로 볼 수 있는가?
- 아이들이 어른들이 주는 보상에 만족했다면 진정으로 자유를 빼앗긴 것인가?
- 아이들을 방에 가둔 것은 처벌인가 교육인가?

이후 정치와 법 '1-3. 기본권의 보장과 제한 단원' 수업은 다음과 같이 진행했다. 먼저 동영상과 교과서를 통해 답을 알 수 있는 닫힌 질문을 만들게 한다. 이를 만드는 동안 학생들은 수업을 위해 필요한 지식을 알 수 있게 된다. 닫힌 질문은 모둠에서 돌아가면서 질문을 하고, 답을 말한다. 필요한 경우 자연스럽게 친구 가르치기 활동이 이루어진다.

모둠 닫힌 질문

- 기본권에서 능동적인 권리와 수동적인 권리는 어떻게 구분되는가?
- 기본권 간에 우위가 존재할까?
- 기본권을 제한하는 기준은 무엇인가?
- 헌법에 명시되어 있지 않은 권리는 어떻게 보장되는가?
- 헌법 제37조 2항의 '자유와 권리의 본질적인 내용'에서 자유와 권리의 본질은 어디까지일까?

이후 모둠에서 각자가 만든 열린 질문을 발표하며, 토론을 통해 모둠 최고 질문을 선정한다. 모둠 최고 질문은 판서 후 비슷한 내용의 질문은 묶고, 명확하지 않은 질문은 학생들과 협의해 내용을 수정한다. 아래 사례에서는 2번 질문과 3번 질문이 같은 맥락의 질문이라는 것에 동의했고 '범죄자의 인권을 어디까지 보호해야 하는가?'에 대해 논의하기로 했다.

모둠 열린 질문

- 한 개인이 2개의 인격체를 소지한 상황(샴쌍둥이, 해리성 인격장애 등)에서 자신의 의지에 부합하지 않게 범죄를 저질렀다면 어떻게 처벌해야 하는가?
- 범죄자의 인권은 어디까지 보호해야 하는가?
- 범죄자의 권리를 보장하기 위해 피해자의 권리를 해치고 있지는 않

았는가?
- 타인의 인권침해에 대한 처벌은 어떻게 이루어져야 하는가?
- 헌법 제37조 2항에서 이야기하는 '자유와 권리의 본질적인 내용'의 범위는 어디까지인가?

다음은 다른 학급에서 만들어진 질문이다.
- 적극적 차별 시정 조치로 인한 '할당제'는 과연 평등한가?
- 『정의란 무엇인가』에 나오는 딜레마들을 기본권의 개념으로 해결할 수 있을까?
- 기본권에 우선순위를 두어야 한다면?
- 범죄자의 인권을 보장해 주기 위한다는 명목으로 신상, 얼굴을 공개하지 않는데, 이에 대해 어떤 방안이 어떻게 개선되어야 할까?
- 과잉진압의 여부를 정확히 판단할 수 있는 기준은?
- 자유권 중 재산권 행사의 자유를 보장한다고 해서 타인의 생명을 돈으로 사는 것과 같이 비윤리적인 것까지 허용하는 것은 아니다. 그럼 재산권 행사의 자유를 허용하는 기준은 정해져 있는 것일까? 아니면 사례마다 다른 것일까?

다음은 '범죄자의 인권을 어디까지 보호해야 하는가?'에 대한 논의에 참여한 학생의 수업 후기이다.

이제까지 범죄자보다는 피해자의 신분이 더 잘 드러난다는 것이 이해되지 않았다. 범죄자는 모자이크를 해 주면서 옆에 있는 경찰들의 얼굴을 그대로 보내는 것도…. 남의 생명, 재산, 소중한 사람들을 대하는 태도가 이해되지 않았던 것이다. 그런데 토론 중에 뒤통수를 맞게 한 발언이 있었다.

"결국 범죄자들도 사회에 나갈 사람들이잖아요."

"범죄자의 주변인들은 보호를 받지 못하는 경향이 있는 것 같아요."

내가 너무 자극적인 기사와 뉴스만 보아서 생긴 색안경이었던 것이다. 물론 극단적 범죄를 저지른 자에게도 인권이 있음은 명백하지만, '범죄자'를 떠올렸을 때 그들만을 편협한 시각으로 생각하던 나를 발견했다. 그리고 사적 제재라는 말이 나왔는데 그에 대해 좀 더 논의를 하지 못한 것이 아쉬웠다.

철학적 탐구 공동체

· 개별 활동 : 책을 읽고 질문 만들기

· 모둠 토론 : 질문을 나눈 후 모둠 최고 질문 선정하기, 질문 다듬기

· 모둠별 최고 질문 판서 : 질문 분류 및 수정하기

· 학급 대표 질문 정하고 토론하기

· 철학적 글쓰기

철학적 탐구공동체 수업 일기

일시 :   단원명 :

닫힌 질문

(책을 찾거나 검색하면 답할 수 있는 질문)

답

열린 질문

(책에 답이 나와 있지 않은 질문, 철학적 생각과 논쟁이 필요한 질문)

질문을 만들게 된 이유 or 배경

수업 후기

(새롭게 알게 된 것, 개인적으로 조사한 것, 내 생각과 ★그 이유(근거)★ 등)

32 Q&E 학습

Q&E는 Question(질문하다) and Explain(설명하다)의 약자이다. 수업에서 교재를 읽고 궁금한 점을 적어 질문하고, 배운 내용을 스스로 구조화하고 정리한 뒤, 짝에게 설명하는 방법으로 진행한다. 이는 손해선 수석교사, 박순덕 수석교사 등이 수년간의 실행 연구를 바탕으로 교육과정과 성취 기준을 달성할 수 있도록 한국 교육 상황에 맞추어 개발한 수업모형이다. 질문하고 토론하는 '하브루타', 집에서 동영상으로 핵심 내용을 배운 후 수업 시간 활동 중에 설명하는 '거꾸로 교실', 서로 소통하면서 배우는 '협동학습'의 장점이 포함되어 있다.

손해선 수석교사는 『한국교육신문』의 기고에서 "Q&E 학습은 질문을 만들어 서로 질문을 하고 설명하면서 알고 있는 내용과 알지 못하는 내용을 명확히 구분하고 자신을 되돌아보는 메타인지 능력을 향상시키고, 모르는 부분을 찾아 배우는 자기주도 학습 능력을 기르며, 사고력, 창의력, 표현력, 바른 인성을 기르는 학생 중심 학습"이라고 했다.

Q&E 학습은 탐색하기-질문하기-설명하기로 이루어진다. 박순덕 수석교사의 『수업을 Q&E 하다』에는 과목별 수업 사례가 자세히 소개되어 있다. 다음은 울산고등학교 곽수원 선생님의 수업에서 자료를 가져왔다.

1단계	탐색하기	・동기 유발 ・학습 문제 확인 ・학습 활동 안내
2단계	질문하기	・질문 만들기 ・질문 나누기 ・짝 활동, 모둠 활동, 전체 활동
3단계	설명하기	・구조화·시각화하여 정리하기 ・정리한 것 말로 설명하기 ・자신에게 설명, 친구에게 설명

■ 탐색하기

도입 단계에서 오늘 공부할 내용을 탐색하는 것이다. 전시 학습을 상기시키거나 동기 유발을 통해서 오늘 공부할 내용에 대하여 호기심과 흥미를 불러일으키는 활동이다.

■ 질문하기

교과서나 활동지를 읽고 질문을 만든다. 궁금한 점, 이해되지 않는 점, 더 알고 싶은 점 등을 적는다. 수업 내용에 따라 2~5개가 적당하다. 질문은 짝 활동이나 모둠 활동을 통해 서로 묻고 답한다. 해결되지 않은 질문은 학급 전체나 선생님께 질문한다.

■ 설명하기

수업에서 이해한 내용을 정리한다. 마인드맵이나 그림, 도표, 분류, 비주얼 씽킹 등으로 다양하게 표현할 수 있다. 그리고 정리한 내용을 짝에게 설명한다.

Q&E 학습 절차

Q&E 노트 사례

모둠 학습	Question : 질문하며 배우기 학습 주제 관련 질문 만들기	모둠 학습	Explain : 설명하며 배우기 질문에 대해 설명하고 내용 정리하기
	1. 실업률보다 고용률이 중요한 지표인 이유는? 2. 기본소득제도를 실시하면 근로의욕이 떨어지지 않을까? 3. 그렇다면 기본소득이 고용률을 높일 수 있을까?		1. 나는 고용률을 구하는 식의 분모가 노동가능 인구라서 체감하는 취업, 실업 상태가 실업률보다 더 비슷하기 때문이라고 생각하였다. 실제로 내 생각도 하나의 이유가 맞았고, 추가로 성장률과 더 관계가 있고 고용갭이 실업갭보다 인플레이션 압력지표로서 더 유용하기 때문임을 알게 되었다. 2. 유럽에서는 보편적 기본소득제를 '복지함정'(빈곤수당을 유지하려 취업을 기피하는 현상)을 극복하기 위한 도구로 본다. 취업을 해도 기존에 지급받던 소득이 유지되도록함으로써 취업의지가 강해지도록 하는 것이다. 3. 실제로 핀란드 실험결과에서는 고용률 상승의 효과는 없었다.

Question : 모둠 활동을 토대로 이 시간의 핵심 질문을 1~2개 정리해 봅시다.

토지공개념은 개인의 사유재산에 대한 권리를 침해하는 것 아닌가?

Explain : 핵심 개념에 대한 내용을 다양한 방법으로 표현하고 설명해 봅시다.

우리나라에서 토지공개념을 적용했던 3가지 정책은 '택지소유상한제', '개발이익환수제', '토지초과이득세'이다. 3가지 정책 모두 현재는 폐지됐다. 3가지 정책 모두 개인의 사유재산을 침해하지 않는다. 토지를 국유화하는 것이 아니기 때문이다. 모두 부담금 또는 세금을 매기는 제도였다.

Perceive : 이번 시간 배움을 통해 새롭게 깨달았거나 느낀 점을 서술해 봅시다.

기본소득이 사람들의 근로의욕을 오히려 증진시킬 수도 있다는 것을 깨달았다. 기본소득이 이 시대의 빈부격차를 줄이는 하나의 방법이 될 수 있겠다고 생각했다.

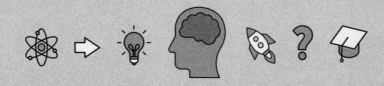

테스트하기

인출해 봐라. 그리고 스스로 테스트해 봐라.
교과서를 빠짐없이 읽었다고 해서
내용의 중요성이나 적용 가능성,
기존 지식과의 연관성까지 완전히 파악하지는 못한다.
읽기만 해서는 안 되고 끊임없이 테스트해야 한다.

- 김응준, 『산만한 사람을 위한 공부법』

33 진진가

진진가는 수업에서 배운 내용에서 여러 문장을 만드는데, 그중 거짓 내용을 1개 포함하여 만드는 활동이다. '하얀 거짓말'로도 알려져 있다. 하얀 거짓말은 남에게 해가 되지 않는, 선의의 거짓말을 의미한다. 여기서는 배운 내용의 복습을 위해 선의의 거짓말을 만드는 것이다.

짝 또는 모둠에서 만든 문장을 서로 발표하여 그중 거짓말을 찾아낸다. 배운 내용으로 문장을 만드는 과정에서 복습하게 된다. 진실 문장보다 거짓 문장을 만들기가 더 어려우므로 학생들이 그럴듯한 거짓 문장을 만드는 과정에서 깊이 있는 복습이 이루어진다.

1. 수업 후 배운 내용에서 3가지 문장을 만든다. 그중에 2가지는 진실을 쓰고, 1가지는 그럴듯한 거짓을 쓴다.
2. 짝에게 문제를 공개하고, 상대의 문제에서 거짓을 알아맞힌다.
3. 거짓 문장은 왜 거짓인지 이유를 반드시 설명해야 한다.
4. 문제를 낸 학생은 친구가 맞혔을 때는 박수를, 틀렸을 때는 왜 거짓인지 친절하게 설명한다.

Tip

1. 수업 내용에 따라 4가지 혹은 5가지를 쓰고, 그중에 1가지만 거짓을 쓰게 할 수도 있다.

2. 짝 활동 이후 모둠 활동, 혹은 전체 활동으로 이어갈 수도 있다. 모둠 활동을 할 때는 한 학생씩 문제를 공개하고, 나머지 학생이 순서대로 거짓이라고 생각한 것을 이야기한다.

3. 모둠별로 가장 그럴듯한 거짓말을 만든 사람을 1명씩 정히여, 진체를 대상으로 물어보게 하면 학급 전체 활동이 된다.

4. 학년 초나 모둠 구성원이 바뀔 때 자기소개 활동으로 할 수도 있다. 자신의 삶에서 진짜와 가짜를 만들기 위해 학생들은 자신의 삶을 돌아보며 성찰하게 된다. 간단히 이름과 특기 등만 말하는 자기소개보다 의미 있는 시간이 될 수 있다. 필자는 3월 초 학생들과의 첫 만남에서 진진가로 소개한다. 그 후 모둠별로 이 활동을 하게 한다.

5. 학생들과의 첫 만남이나 교사 대상 연수에서 필자를 소개할 때 다음과 같이 활용한다.

> 다음 중 선생님과 관련 없는 것은?
> 1. 30년 차 교사로 23년간 100% 강의 수업만 했다.
> 2. 제주도를 자전거로 일주한 적이 있다.
> 3. 사진작가로 찍은 사진이 초등학교 교과서에 실려 있다.
> 4. 쓴 책이 베스트셀러에 오른 적이 있다.

진진가

· 수업에서 배운 내용으로 3가지 문장을 만든다.(2개는 진실, 1개는 거짓)

· 짝에게 3가지 문장을 말하면, 거짓 문장을 가려낸다.

· 거짓 문장에 대해서는 왜 거짓이라고 생각하는지를 반드시 말한다.

· 친구가 맞혔으면 박수, 틀렸으면 이유를 설명한다.

34 쪽지 시험 빙고

쪽지 시험 빙고는 수업 후 쪽지 시험의 정답을 빙고 칸에 적은 후 줄을 맞추는 활동이다. 정답을 아는 것도 중요하지만 운이 좌우하는 재미있는 활동이다.

1. 수업 후 빙고 활동지를 배부한다. 앞면에 문제를, 뒷면에 빙고 칸을 만든다. 수업 정리용이므로 9칸(3×3)이 적당하다.
2. 시험 문제를 풀어 정답을 원하는 빈칸에 써 넣는다. 정답을 모르는 경우 책을 찾아볼 수 있다. 책을 찾아도 정답을 모를 때에는 짝 또는 모둠원의 도움을 구해 정답을 채운다. 이때 반드시 책을 먼저 찾아보게 해야 한다. 스스로 배운 내용을 정리하는 것이 활동의 목적이기 때문이다.
3. 모든 정답을 적은 것을 확인한 후 가로, 세로, 대각선 등 어떤 빙고로 할 것인지 알린다. 가로나 세로는 두 줄로 할 수도 있다.
4. 교사는 1번부터 정답을 공개한다. 학생은 정답이 적힌 칸에 ○표를 한다. 이때 학생을 지명하여 정답을 발표하게 할 수도 있다.
5. 학생은 미리 정한 모양의 빙고 줄이 완성되면 "빙고!"라고 외친다.

1. 교사는 빙고가 나오더라도 계속 게임을 진행한다.

2. ㄱ빙고, ㄴ빙고, ㄷ빙고, ㅁ빙고, +빙고, 세모빙고, 대각선빙고 등 다양하게 모양을 정할 수 있다.

쪽지 시험 빙고

- 문제를 풀어 정답을 빙고 칸에 적는다.
- 모를 경우 책을 찾아볼 수 있다. 그래도 모를 경우 친구에게 물어볼 수 있다.
- 선생님이 정답을 공개하면 해당 칸에 동그라미를 한다.
- 정해진 모양이 완성되면 "빙고!"라고 외친다.

이심전심

이심전심(以心傳心)은 서로 등을 대고 앉은 후 하나, 둘, 셋에 고개를 돌리는 활동이다. 같은 방향으로 고개를 돌리면 이심전심, 즉 마음이 통한 것이다. 교사가 낸 ○× 퀴즈에 맞으면 오른쪽, 틀리면 왼쪽으로 돌리게 할 수도 있다.

1. 짝과 등을 대고 앉는다.
2. 교사가 ○× 퀴즈를 내어 맞으면 오른쪽, 틀리면 왼쪽으로 고개를 돌린다.
3. 교사가 정답을 공개하고, 일치한 팀은 하이파이브를 한다.
4. 교사는 간단한 설명을 한 후 계속 퀴즈를 낸다.

Tip

1. 아이스브레이크 활동으로 마주 보며 앉게 한 후 "하나, 둘, 셋"에 동시에 한쪽 손을 내밀게 한다. 같은 손을 내밀면 악수를 하고 "사랑한다. 친구야."라고 말한다. 다른 손을 내밀면 웃으며 "잘해 보자. 친구야."라고 말한다.
2. 여러 번 실시해서 제일 많이 일치한 팀을 선정할 수 있다.

이심전심

- 짝과 등을 대고 앉는다.
- 교사가 "하나, 둘, 셋" 하면 동시에 고개를 돌린다.
- 같은 방향으로 고개를 돌렸으면 하이파이브를 한다.
- 선생님이 ○× 퀴즈를 내어 맞으면 오른쪽, 틀리면 왼쪽으로 고개를 돌린다.

36 쌀 보리 퀴즈

쌀 보리 퀴즈는 짝 활동으로 주먹을 쥐고 상대 손바닥 사이를 넣었다, 빼기를 반복하는 활동이다. "보리"라고 할 때는 손바닥을 계속 벌리고 있어야 하며, "쌀"이라고 할 때는 재빨리 상대 주먹을 손바닥으로 잡아야 한다. 짧은 시간에 졸음을 쫓고, 수업을 활기차게 할 수 있다. 수업 정리 시간에 퀴즈를 내어 정답에는 상대 주먹을 잡게 한다.

1. 짝과 마주 보고 가위바위보를 한다.
2. 이긴 사람은 한 손으로 주먹을 내밀고, 진 사람은 양 손목을 맞대고 모은 채 손바닥을 벌린다.
3. 교사가 "보리" 또는 "쌀"이라는 말을 한다. 이때 이긴 사람은 주먹을 내밀어 진 사람의 손바닥에 닿게 한 후 재빨리 빼야 한다.
4. 진 사람은 "보리"에는 가만히 있고, "쌀"에는 재빨리 손바닥을 오므려 주먹을 잡는다. "보리"에 상대 주먹을 잡거나, "쌀"에 잡지 못하면 진다. 이때는 역할을 바꾸어 계속한다.

수업
1. 각자 수업에서 배운 내용으로 3~5개의 퀴즈를 만든다. 4지선다 혹은 5지선다로 만든다. 답은 5글자를 넘지 않게 한다.

2. 짝끼리 가위바위보로 역할을 정한다. 이긴 사람은 한 손으로 주먹을 내밀고, 진 사람은 양 손목을 맞대고 모은 채 손바닥을 벌린다.

3. 이긴 사람이 문제를 낸다. 그리고 답을 말하면서 상대의 손바닥에 주먹을 넣었다 뺐다 한다. 오답을 말하다가 갑자기 정답을 말한다. 이 때 진 사람은 상대의 주먹을 손바닥으로 잡아야 한다.

4. 처음부터 교사가 문제를 내고, 학생들은 역할을 정해 활동을 할 수도 있다. 문제가 바뀔 때마다 역할도 바뀌어야 한다.

예 **문제** 다음 중 칸트의 사상과 관련이 없는 것은?
　　① 의무론 ② 선의지 ③ 정언명령 ④ 결과 중시 ⑤ 동기 중시

Tip

1. 교사는 소리의 강약과 빠르기를 바꾸어 학생들에게 혼란을 줄 수 있다. "보리 보리"를 천천히 하다가 갑자기 크고 빠르게 "보리"를 외치면 아이들이 속는 경우가 많다. 또한 "보리"를 계속 반복하다 갑자기 빠르게 "쌀"이라고 외치는 것이 포인트이다.

2. 교사 대신에 주먹을 쥔 학생이 직접 "보리", "쌀"을 말하며 놀이를 할 수도 있다.

3. 쌀, 보리 대신에 짜장과 짬뽕, 피자와 햄버거로 할 수도 있다. 혹은 짝끼리 이름을 정해도 된다.

쌀 보리 퀴즈

- 짝끼리 가위바위보를 한다.
- 이긴 사람은 주먹을 내밀고, 진 사람은 손목을 맞대고 손바닥을 벌린다.
- 교사의 "보리", "쌀" 구호에 이긴 사람은 주먹을 상대 손바닥에 넣었다가 뺀다.
- 진 사람은 "보리"에는 가만히 있고, "쌀"에는 재빨리 상대 주먹을 잡는다.
- 퀴즈 때는 정답에만 주먹을 잡는다.

37 이동 퀴즈

이동 퀴즈는 모둠에서 협동하여 수업에서 배운 내용으로 문제를 낸 후, 모둠별로 문제 설명자를 선발하여 다른 모둠에 가서 문제를 내는 활동이다. 문제를 공동으로 내고 다듬는 과정에서 배운 내용을 복습하게 되고, 다른 모둠에서 낸 문제를 풀이하는 과정에서 테스트를 하게 되어 메타인지를 높인다.

1. 모둠에서 각 4문제를 출제한다. 각자가 낸 문제를 발표한 후 문제를 다듬는 과정이 필요하다. 중복된 문제는 협동하여 새로운 문제로 교체한다. 함께 출제할 수도 있다.

2. 모둠별로 문제가 완성되면 한 학생이 문제 설명자가 되어 다른 모둠으로 문제를 들고 이동한다. (1번 모둠의 설명자는 2번 모둠으로, 2번 모둠의 설명자는 3번 모둠으로, 마지막 모둠의 설명자는 1번 모둠으로 이동한다.)

3. 문제 설명자는 4문제를 순서대로 출제하고, 다른 학생들은 백지에 각각 정답을 적는다. 문제가 모두 출제되면 모둠 학생들은 서로의 답을 비교하면서 최종 모둠 정답을 확정한다. 이때 모둠원 간에 설명하기가 이루어지게 한다.

4. 문제 설명자는 최종 정답을 알려 준다. 모둠 설명자는 모둠별로 최종

적으로 틀린 문제가 있으면 칠판에 적는다.

5. 교사는 칠판에 적힌 문제를 전체와 공유하여, 다시 한 번 전체에게 설명한다.

Tip

1. 모둠별 문제 수는 적절히 조절할 수 있디.

2. 시간이 충분하면 문제 설명자를 다른 학생으로 교체하여 활동을 이어갈 수가 있다. 예를 들어 1모둠의 첫 번째 설명자가 2모둠에 가서 문제를 설명했다면, 다음 활동에서는 1모둠의 다른 학생이 설명자가 되어 3모둠으로 가서 설명하게 한다. 2모둠의 설명자는 4모둠으로, 3모둠의 설명자는 5모둠으로, 4모둠의 설명자는 1모둠으로, 6모둠의 설명자는 2모둠으로 가게 된다.

이동 퀴즈

- 모둠별로 4문제를 출제한다.
- 모둠에서 1명을 지정하여 다른 모둠으로 이동해서 문제를 설명한다. (1모둠→2모둠, 2모둠→3, 3모둠→4, 4모둠→5, 5모둠→6, 6모둠→1모둠)
- 문제를 듣고 백지에 각자 정답을 적는다. 나중에 서로 답을 비교하면서 최종 모둠 정답을 확정한다. 이때 친구에게 설명하기를 한다.
- 문제 설명자는 최종 정답을 알려 준 후 틀린 문제는 판서한다.

38 띵커벨 퀴즈

띵커벨(tkbell.kr) 사이트에서 재미있는 퀴즈로 학생들이 제대로 배웠는지 확인할 수 있다. ○×, 선택형, 단답형, 서술형 가운데 선택할 수 있으며, 여러 문제 출제도 가능하다. 모든 학생의 점수와 서술형 답안은 엑셀 파일로 저장되어 교사는 피드백 자료로 활용할 수 있다.

교사

1. PC에서 띵커벨 사이트에 회원 가입을 한다.

2. 오른쪽 상단에서 [만들기]를 클릭한다.

3. 새로운 띵커벨 만들기가 나온다. [퀴즈]와 [토의·토론] 중에서 [퀴즈]를 선택한다.

4. 제목을 입력하고, 공개 범위(공개, 비공개)를 선택한다.

5. 교과군을 선택한 후 [확인]을 누른다.

6. 문제 유형을 ○×, 선택형, 단답형, 서술형 중에서 선택한다.

7. 질문을 입력한다.

8. 제한 시간을 선택한다. (10초, 20초, 30초, 60초, 120초, 없음)

9. 아래의 [문제 완료]를 누른 후, 오른쪽 상단의 [완료]를 누른다.

10. 오른쪽 상단의 파란색 버튼 [모드 선택]을 누른다.

11. 왼쪽 [함께 플레이] 아래의 [Wifi-on]을 선택한다. 안내문이 나오

고, 오른쪽 상단의 ×를 누르면 방 번호가 공개된다. 학생들에게 스마트폰으로 띵커벨에 입장해서 방 번호와 이름을 적게 한다.

12. 왼쪽의 [접속 현황]을 통해 학생 입장 여부를 확인한다. 전체 학생이 입장하면 [시작하기]를 누른다.

13. 문제가 보이면 [계속]을 누른다.

14. 학생들에 정답을 입력하게 한다. 화면 오른쪽에 입력 인원이 숫자로 표기된다. 모든 학생이 입력하면 왼쪽의 [참여자 보기]를 누른다. 학생들이 적은 답을 교사의 PC와 연결된 TV로 볼 수 있다. 필요할 때 교사는 TV 화면을 보면서 추가 피드백을 한다.

15. [완료] 후 PC에서 [결과 다운로드]를 선택한다. 문제별 정답률, 개인별 정답률, 학생 점수, 입력 내용이 엑셀 파일로 저장된다.

학생

1. 스마트폰의 입력창에 tkbell.kr을 입력한다.

2. 방 번호와 자기 이름을 적고 [입장하기]를 누른다. 만약 입력창이 뜨지 않으면 상단의 [방 번호 입력]을 누른다.

3. 정답을 쓰고 [완료]를 누른다.

띵커벨 퀴즈

1. ○×형 : ○× 문제에 대해 ○와 ×, 2가지로만 보기를 설정할 수 있다.

2. 선택형 : 문제에 대해 2~5개의 보기를 설정할 수 있으며, 복수 정답도
   가능하다.

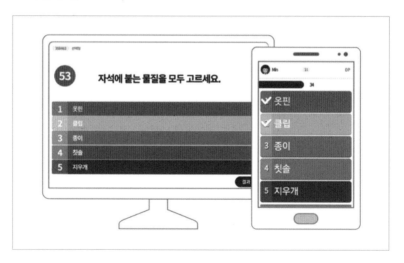

3. 단답형 : 문제에 대해 최대 12자(띄어쓰기 포함)까지 정답을 넣을 수 있다. '기미독립선언문'이 정답이라면 '기미 독립 선언문'도 정답 처리된다.

4. 서술형 : 서술형으로 답한다. 예시 답안을 제공할 수 있다. 단, 학생들이 제출한 답안은 결과에 반영되지 않는다.

Tip

1. 모드 선택에서 [Wifi-off]를 선택하면 문제만 TV를 통해 확인할 수 있다.

2. 자신이 낸 문제는 [보관함] 메뉴에 저장되어 어디에서나 불러올 수 있다.

3. [라이브러리] 메뉴에서 키워드를 입력하면 전국 교사들의 다양한 퀴즈를 볼 수 있다.

4. [리포트] 메뉴에서 진행한 모든 문제에 대해 엑셀 파일로 결과를 내려받을 수 있다.

띵커벨 퀴즈

· 휴대폰에 입력

NAVER | tkbell.kr |

· 방 번호와 이름 적기(입력창이 뜨지 않으면 '방 번호 입력' 클릭)

· 문제를 읽고 답 입력하기

· [완료] 클릭

39 카훗 퀴즈

    카훗 퀴즈는 교사가 화면에 문제를 띄우면 학생들은 스마트폰이나 PC로 화면의 문제를 푸는 실시간 온라인 퀴즈 게임이다. 점수를 높이는 방법은 2가지이다. 정답을 맞히면 올라가고, 정답을 빨리 맞힐수록 더 많은 점수가 올라간다. 틀려도 점수가 내려가지는 않는다. 문제가 바뀔 때마다 중간 점수가 정산되어 순위가 공개되고, 마지막 문제가 끝나면 최종 점수와 순위가 공개된다. 정답을 맞히는 것 외에도 빨리 맞혀야 순위가 올라가므로 학생들은 게임 내내 긴장감과 집중력을 유지한다. 수업에서 배운 내용을 재미있게 테스트할 수 있다.

    문제를 내기 위해서는 크롬에서 kahoot.com을 입력하여 카훗 사이트에 접속한다. 카훗을 검색하면 퀴즈 실행 사이트(www.kahoot.it)가 나오는데, 이는 학생들이 입력할 때 접속하는 사이트이다. 카훗 홈페이지 상단의 [Login]을 클릭한다. 회원 가입이 되어 있지 않으면 [Sign up] 버튼을 클릭해서 회원 가입을 한다. 구글 계정을 사용할 수도 있다.

1. 로그인 후 오른쪽 상단의 [create]를 클릭한다.
2. [New kahoot] 아래 [create]를 클릭한다.
3. 오른쪽 메뉴에서 [Question type]을 선택한다. Quiz(4지선다), True or false(○× 퀴즈), Type answer(주관식), puzzle(순서 맞추기) 중에서 선

택한다. 무료회원은 Quiz와 True or false만 사용할 수 있다. 다른 유형을 선택해서 만들면 최종 [play]가 되지 않는다.

4. [Start typing your question]에 문제를 입력하고, 맨 아래 [Add answer]에 선택지를 입력한다. [Image library]에서 다양한 그림을 선택하거나, 컴퓨터에서 사진을 선택할 수 있으며, 유튜브를 링크할 수도 있다. 선택지를 입력한 후 정답에 체크한다. 선택지는 4개까지 입력할 수 있으며, 2개까지는 필수 입력이다.

5. 문제마다 제한 시간(Time limit)이나 점수(Point)를 오른쪽 화면에서 설정할 수 있다.

6. 문제를 추가하고 싶으면 왼쪽의 [Add question]을 선택한다. 문제 유형을 오른쪽의 [Question type]에서 자유롭게 바꿀 수 있다.

7. 문제를 모두 내었으면 오른쪽 상단의 [Done]을 클릭한다.

8. 팝업창이 뜨면 Title에는 문제지의 제목, Description에는 문제지에 대한 설명을 쓰고, 아래의 [countine]를 누르면 완성된다.

9. 오른쪽 상단의 [Done]을 선택한 후 만든 퀴즈가 나오면 [play]를 선택한다. 이후 [teach]와 [classic]을 차례로 선택하면 핀 번호가 나온다. 학생들에게 핀 번호를 알려 준다.

10. 카훗 메인의 [My Kahoots]에서도 자신이 만든 모든 퀴즈를 볼 수 있다.

11. 화면에 입장한 학생들의 이름이 뜨는 것을 확인한 후에 [Start]를 선택한다.

카훗 문제 입력 화면

학생

1. 검색창에 kahoot.it을 입력한다.

2. 교사가 알려 준 Game PIN 숫자를 입력한다.

3. 닉네임을 입력 후 [OK, go!] 또는 [좋아 가!]를 선택한다. 이후 퀴즈가 나오면 정답을 선택한다.

Tip

1. 수업이나 강연에서 아이스브레이킹 활동으로도 많이 사용된다.

2. 모둠별로 문제를 출제하여 전체와 함께 풀이할 수도 있다.

3. 마지막에는 상위 5명의 순위만 보인다. 전체 순위는 카훗 홈페이지의 Reports에서 엑셀 파일로 확인할 수 있다.

4. 학생의 화면에는 문제가 보이지 않고 답을 입력하는 화면만 보인다. 따라서 반드시 교사의 화면을 볼 수 있어야 한다. 줌 수업일 경우에는 화면 공유 기능을 활용하여, PC로는 문제를 보고, 폰으로 정답을 입력한다.

카훗 퀴즈

- 휴대폰에 입력

NAVER | kahoot.it | 🔍

- Game PIN 숫자 입력하기

- 닉네임 입력하기

- [Ok, go!] 또는 [좋아 가!] 선택

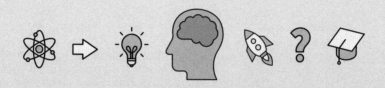

토론과 논술

토론만 중요시해서도 안 되고
독서만 중요시해서도 안 된다.
토론과 독서는 수레의 바퀴나 새의 날개 같아서
한 가지만 버려도 학문할 수 없다.

- 정조

⁴⁰ 2분 짝 토론

2분 짝 토론은 짝과 2분이라는 시간을 정해 놓고 논제에 대해 토론하는 활동이다. 전체 토론이나 모둠 토론을 하다 보면 항상 주도하는 학생이 있는가 하면 나서서 표현하지 않는 학생이 있다. 하지만 짝과 둘이서 토론하면 주변의 눈치를 살필 필요 없이 누구나 자기 의견을 말하게 된다. 교실에 24명이 있다면 12팀의 토론이 이루어지는 것이다.

필자는 생활과 윤리 과목에서 안락사, 낙태, 사형제 등의 수업을 할 때 동기 유발 활동으로 실시한다. 또한 윤리와 사상 과목에서 서로 대립하는 주장을 하는 인물에 대한 수업 후에 역할을 정해 논쟁하게 한다. 예를 들어 짝끼리 1명은 소피스트, 다른 1명은 소크라테스 역할을 맡아 절대주의 윤리와 상대주의 윤리에 대해 토론하게 한다. 소설 수업에서 갈등 관계에 있는 인물, 역사 시간에 상반된 입장을 가진 인물, 사회 시간에 사회 현상에 대해 다른 해결 방안을 가진 인물에 대해 토론하면 효과적이다.

규칙은 2분 동안 토론이 끊어지면 안 된다는 것이다. 3분으로 하면 토론이 끊기는 팀이 여기저기 나온다. 막상 해 보면 교실이 유대인들의 예시바 못지않게 토론으로 왁자지껄해지고, 성취감으로 밝아진 아이들의 모습을 보게 될 것이다.

1. 교사는 토론 주제를 판서한다.

2. 학생들은 찬반 입장을 정한다. 각자 찬반을 말한 후 입장이 같으면 가위바위보로 정한다.

3. 각자의 근거를 1분 동안 생각하고, 활동지에 적는다.

4. 교사는 시작을 알리고 시간을 잰다. 찬성이 먼저 말하게 한다. 이어서 반대가 반박과 질문을 한다. 어느 정도 시간이 지나면 역할을 바꾼다.

5. 시간이 지나면 종료를 알린다. 활동지에 상대 근거를 적는다. 이를 통해 상대 의견에 경청하게 한다.

Tip

1. 수업 후 갈등 인물 간에 토론을 할 때는 3분 내외의 인물 탐구 시간을 주는 것이 효과적이다.

2. 토론할 때 혼자서 2분을 다 채우는 일이 없도록 주의를 준다.

3. 2분을 채우기 위해서는 상대 주장에 대해 반박하는 것도 좋지만 질문하는 것이 훨씬 효과적임을 미리 설명한다.

4. 플래시 타이머를 활용해서 시간을 잰다. 다양한 플래시 타이머를 인터넷에서 내려받을 수 있다.

5. 2분 후 입장을 바꾸어 토론할 수 있다.

6. 수업 후 최종 입장을 활동지에 적게 한다. 이때는 자기 생각뿐만 아니라 수업에서 배운 내용을 활용해서 적게 한다. 활동지는 다음과 같다.

2분 토론	내 생각	
	친구 생각	
최종 입장		

2분 짝 토론

· 논제에 대해 짝과 찬반 입장을 정한다.(가위바위보 등)

· 자기 입장을 활동지에 적는다.

· 2분 동안 쉬지 않고 토론이 이루어져야 한다. 반박보다 질문하는 것이 쉽다.

· 토론 후 상대 주장을 활동지에 요약해서 적는다.

· 수업 후 최종 입장을 정리해서 적는다.(배운 내용 활용할 것)

41 가치수직선 토론

　가치수직선 토론은 자신의 입장을 적은 포스트잇을 찬반의 정도에 따라 적절한 위치에 붙이는 활동이다. 토론에서 찬반을 하더라도 강한 찬반이 있을 수 있고, 중간에 가까운 찬반이 있을 수 있다. 그 정도를 숫자나 위치로 표현함으로써 근거뿐만 아니라 입장의 강도까지 나타낼 수 있다는 장점이 있다. 또한 가치수직선 아래에 적힌 다양한 의사를 비교해서 볼 수 있고, 자기 입장의 위치를 파악할 수도 있다.

1. 교사는 논제를 칠판에 적는다.
2. 논제 아래에 가로로 길게 가치수직선을 긋고 숫자를 적는다. 예를 들어 강한 찬성(5) - 찬성(3) - 중간(0) - 반대(-3) - 강한 반대(-5)와 같이 적는다.
3. 학생들은 논제에 대한 찬반 의사를 정하고, 포스트잇에 그 근거를 적는다.
4. 포스트잇을 자신의 입장에 해당하는 위치의 수직선 아래에 붙인다. 예를 들어 강한 찬성이면 5 아래에 붙이고, 약한 찬성이면 3 아래에 붙인다.

Tip

1. 토론 전과 토론 후에 자신의 위치를 옮겨 수정할 수 있다. 아래 사진에서 동그라미는 토론 전의 입장이고, 포스트잇은 최종 입장이다.

2. 전지에 가치수직선을 만들어 수업 후 교실 뒷면에 전시하면, 친구들의 다양한 생각을 알 수 있으며, 생각의 폭을 넓힐 수 있다.

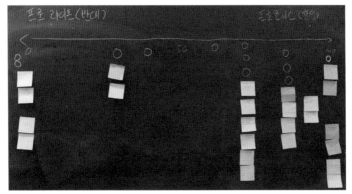

토론 근거를 가치수직선에 붙이기

42 초이스 사상가

초이스(choice) 사상가는 대립하는 주장을 하는 사상가 중에서 자기가 지지하는 사상가를 선택한 후, 그 이유를 포스트잇에 적어 칠판에 붙이고, 비슷한 생각끼리 분류하는 활동이다. 다양한 사상가 중에서 지지하는 사상가에 대해 의견을 적고 분류하는 과정에서 학급 전체 구성원의 다양한 생각을 접하게 된다. 실제 토론은 하지 않지만 서로의 생각을 알 수 있는 토론 효과가 있다.

1. 수업에서 배운 사상가를 칠판에 판서한다. 예를 들어 통합사회 수업에서 '동양의 행복론'에 대해 배웠다면 칠판을 3등분하여 유교, 불교, 도교를 적는다.
2. 학생들은 자기가 지지하는 사상을 정하고, 포스트잇에 그 이유를 적는다.
3. 적은 포스트잇을 지지하는 사상가의 이름 아래에 붙인다.
4. 교사는 제일 많이 지지를 받은 사상가부터 포스트잇의 내용을 전체 학생에게 읽어 준다. 또한 사상가 내에서 근거를 분류할 수도 있다. 이 과정에서 배운 주제에 대해 학급원의 다양한 생각을 알 수 있다.

Tip

1. 윤리나 통합사회 수업에서 활용할 수 있는 사례는 다음과 같다.

   - 사형제 : 칸트, 루소, 베카리아, 공리주의
   - 의무론과 공리주의 : 칸트와 벤담
   - 분배에 대한 국가 역할 : 롤스와 노직
   - 인간의 본성 : 맹자, 순자, 고자
   - 행복과 소득 : 이스털린, 스티븐슨

2. 대립하는 사상가가 2명일 경우 '2분 짝 토론' 후에 실시하면 효과적이다.

3. 포스트잇에 적을 때 반드시 '왜냐하면'이라는 형식으로 글을 적게 한다. 이를 통해서 근거를 명확히 하는 방법을 배우게 된다.

4. 전지에 포스트잇을 붙이게 한 후, 교실 뒷면에 부착해서 쉬는 시간에 전체 학생과 공유한다. 이를 통해 다양한 생각을 접하게 된다.

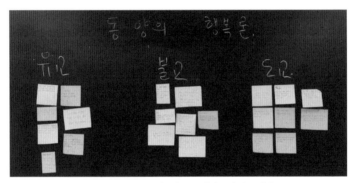

유교, 불교, 도교 중 마음에 드는 사상 골라 이유 적기

Choice 사상가

· 칠판에 적힌 사상가 중에서 가장 지지하는 사상가를 선택한다.

· 선택한 이유를 '왜냐하면'으로 시작하는 문장으로 포스트잇에 적는다.

· 지지하는 사상가 이름 밑에 포스트잇을 붙인다.

43 댓글 달기 토론

요즘 청소년은 SNS 세대이다. 댓글을 통해 자기 의견을 자유롭게 표현한다. 댓글 토론은 교과서에 나오는 사상가들의 주장에 대해 댓글 형식으로 자유롭게 자기 의견을 표현하는 활동이다. 토론을 하게 되면 일부 학생들만의 토론이 되기 쉽다. 하지만 돌아가면서 사상가의 주장에 대해 댓글을 달고, 다시 친구의 댓글에 코멘트를 하다 보면 모든 학생이 자유롭게 백지 위에서 토론을 하게 된다.

댓글을 달기 위해 사상가의 주장을 반복해서 읽게 되고, 거기에 자기 생각을 표현해야 한다. 수업에서 배운 내용을 일상생활과 밀접한 활동으로 연결해 자연스럽게 익히고 표현할 수 있다.

1. 모둠별로 사상가의 주장이 인쇄된 A4 종이를 1장씩 배부한다. 예를 들어 종이 상단에 "도덕적인 행위는 결과보다 동기가 중요하다."라는 칸트의 주장을 적는다.
2. 첫 번째 학생부터 사상가의 주장 아래에 닉네임을 적고 자기 의견을 적는다. 이름을 적어도 좋다.
3. 돌아가면서 댓글을 단다. 댓글은 사상가의 주장에 대한 생각을 적을 수도 있고, 앞에 적은 학생의 댓글에 대해 코멘트를 할 수도 있다.
4. 한 차례 돌고 난 이후에도 일정 시간 동안 계속 댓글을 달 수 있다.

5. 모둠별 종이를 칠판이나 교실 뒷면에 붙여서 모든 학생이 보게 한다.

Tip

1. 댓글 앞에는 반드시 닉네임이나 이름을 적게 한다. 닉네임을 적으면 SNS 같은 느낌이 든다. 또한 친구의 닉네임에 대해 관심을 갖게 되고, 친밀감으로 연결된다.

2. 사상가의 주장은 교사가 판서해도 된다. 이때는 조장이 종이 상단에 판서 내용을 적게 한다. 그래야 댓글을 달면서 사상가의 주장을 반복해서 되뇌게 된다.

3. 할 말이 없으면 친구의 댓글에 질문하도록 지도한다. 질문하기 위해서 댓글을 꼼꼼히 읽어야 하고, 자연스럽게 다양한 생각을 접하게 된다.

댓글 달기 토론

· 자신의 닉네임을 정한다. 평소 SNS에서 사용하는 닉네임을 사용해도 된다.

· 백지 상단의 주장에 대해 돌아가면서 댓글을 단다.(반드시 닉네임 적기)

· 사상가에 대해 댓글을 달 수도 있고, 친구의 댓글에 코멘트를 할 수도 있다.

· 필요하면 질문 형식의 댓글을 달 수 있다. "그만" 할 때까지 계속 단다.

· 완성된 댓글 종이는 교실 뒷면에 붙여서 쉬는 시간에 본다.

44 미니 모둠 토론

미니 모둠 토론은 모둠(4명) 내에서 찬성 모둠(2명)과 반대 모둠(2명)의 미니 모둠을 정하여 토론한 후 입장을 바꾸어 다시 토론하는 활동이다. 이를 통해서 논제에 대해서 다양한 입장과 근거를 탐색할 수 있다. 또한 자신과 다른 입장에 대해서도 이해하고, 합리적인 해결 방안을 찾을 수 있다. PRO(찬성)-CON(반대) 토론이라고도 한다.

1. 논제에 대해 모둠(4명) 내에서 미니 모둠(2명) 두 팀을 만든다. 그리고 입장을 정한다.
2. 미니 모둠의 입장에 대한 토론 근거를 정리한다.
3. 2:2로 찬반 토론을 한다.
4. 미니 모둠의 입장을 바꾸어 다시 토론한다. 이를 통해 상대 입장을 이해할 수 있으며, 보다 다양한 근거를 생각하게 된다.
5. 두 번의 미니 모둠 토론이 끝나면, 전체 모둠 의견을 모아 찬반 중 하나를 정하고, 그 이유를 밝힌다. 이를 모둠별로 발표한다.

Tip

1. 미니 모둠 토론 이후 찬반을 나누어 전체 토론으로 이어갈 수 있다.

2. 모든 토론 이후 최종 자신의 입장과 근거를 적게 한다. 이를 포스트잇에 적어 가치수직선에 붙일 수도 있다.

3. 다음과 같은 토론 활동지를 적게 하면, 글로 쓰는 과정에서 다시 생각이 정리된다.

미니 모둠 토론 활동지

( )학년 ( )반 ( )번 이름:

토론 주제		
모둠원 이름		
찬반 토론 (2:2)	찬성	
	반대	
입장 바꾸어 토론 (2:2)	찬성	
	반대	
모둠 최종 입장	입장	
	이유	
나의 최종 입장	입장	
	이유	

미니 모둠 토론

- 모둠(4명) 내에서 2:2로 찬반 역할을 정한 후 토론 준비를 한다.(근거 정리)
- 2:2 토론을 한다.
- 입장을 바꾸어 다시 2:2 토론을 한다.
- 모둠의 입장과 이유를 정리해서 발표한다.
- 최종 자신의 입장과 이유를 적는다.

45 학급 전체 토론

짝 토론과 모둠 토론을 통해 학생들이 토론에 익숙해지면 학급 전체 토론에 도전한다. 필자는 한 학기에 한 번 정도 학급 전체 토론을 하는데, 학기 말에 수업 평가를 받아 보면, 가장 좋았던 수업으로 꼽히는 경우가 많다. 수업에서 아쉬웠던 점을 적게 하면, 학급 전체 토론에서 생각만 하고 말을 하지 못했던 점을 적는 학생이 많다. 가장 흥미진진한 토론 활동이며, 학생들의 발표력을 키울 수 있다.

1. 토론 대형으로 만든다. 학급 인원수가 많으면 ㄷ형으로 배치한다. 요즘은 한 학급이 24명이므로 왼쪽에 찬성 모둠 3팀(12명), 오른쪽에 반대 모둠 3팀(12명)을 앉게 한다.

2. 입론 발표를 한다. 찬성 3명이 발표한 후, 반대 3명이 발표한다. 입론자는 미리 발표 자료를 준비해야 한다. 1명이 하나의 근거만 발표해야 하며, 근거를 뒷받침하는 구체적 사례, 관련 사상가나 이론, 통계 등을 제시하도록 한다. 발표 후 근거를 판서하고 자리에 돌아온다. 입론자는 사전에 정해야 하며, 근거를 미리 조율하여 중복되지 않도록 한다.

3. 입론 발표가 끝나면 모둠별로 판서된 상대방의 근거를 보고 이에 반박할 반론 토의를 한다. 입론 내용에 대해 근거의 타당성, 자료의 적

절성 등을 검토하여 오류를 찾아낸다. 교사는 각 근거에 대한 고른 반박이 이루어지게 하기 위해 모둠별로 반론 근거를 분배한다.

4. 반론 및 재반박을 한다. 이때도 순서를 정한다. 예를 들어 찬성 A·B·C, 반대 A·B·C 총 6모둠일 경우 찬성 A모둠이 반론을 하면 반대 전체 팀에서 재반박한다. 갑론을박이 이어진 후, 반대 A모둠이 반론을 하는 식이다. 6개의 모둠이 모두 맡은 반론을 하게 된다. 시간이 남으면 전체 난상 토론으로 이어진다.

5. 전체 토론 이후 자기 토론 평가지를 적는다.

Tip

1. 반론 및 재반박 시 손을 들어, 반드시 교사로부터 발언권을 얻은 학생이 발표하게 한다.

2. 전체 토론은 소수의 발언 독점으로 연결되는 경우가 많다. 따라서 발언권의 횟수를 제한할 수도 있다. 단, 무리하게 제한하면 토론의 활기가 떨어진다.

3. 토론 후 자기 평가를 하게 한다. 왜냐하면 자신의 태도에 대해 객관적인 기준으로 돌아보게 될 때 메타인지 능력은 높아지기 때문이다. 토론 평가지 항목에 표시하고(토론 과정은 해당하는 학생만 적는다.), 자신이 잘한 점과 아쉬운 점을 서술하게 한다. 또한 모둠이나 학급에서 가장 토론을 잘한 친구와 이유를 적게 한다. 교사는 이를 세특 자료로 활용한다.

4. 토론 활동지를 적게 한다. 학급 전체 토론에서는 아무래도 발언하지 않은 학생이 많다. 토론 활동지를 적으면 친구들의 발언에 경청하게 된다.

학급 전체 토론 모습

토론 자기 평가지

구분	점검 요소	평점		
		상3	중2	하1
토론 과정	자신의 주장을 명확히 제시했는가?			
	주장의 근거가 논리적인가?			
	상대 주장에 대한 반론이 타당했는가?			
	반론에 대해 효과적인 재반박을 했는가?			
토론 태도	모둠원들과 협의를 잘했는가?			
	성실하게 토론에 참여했는가?			
	상대의 의견에 경청했는가?			
	토론의 규칙과 예절을 지켰는가?			
총 점		점		

학급 찬반 토론

- 입론 발표(찬성 3명, 반대 3명 순서대로)
- 모둠별 반론 토의
- 반론 및 재반박
- 토론 중 토론 활동지 작성
- 토론 후 토론 자기 평가지 적기

찬반 토론 활동지(No 8)

2반 6번   이름 백세연

논제	부유한 국가일수록 더 행복하다.

찬성 입론
① 부유한 국가일 수록 복지제도가 뛰어나다.
② 부유한 국가일 수록 선택의 기회가 넓어지기 때문이다.
③ 여가 생활의 기회가 증가한다.

반대 입론
① 돈은 행복을 위한 조건일 뿐이고 물질적인 돈으로 인한 행복은 오래 지속되지 않는다.
② 국가가 부유하다고 해서 개인의 행복 지수까지 좌우하지 않는다.
③ 국가가 부유해도 개인이 느끼는 행복 그리고 얻는 소득이 다르기 때문.

찬성 반론	선택할 수 있는 폭이 넓다. 부유한 국가라도 개인의 행복을 좌우하지 않는다.	**<재반박>** 기본적인 의식주가 갖춰질 때와 갖춰지지 않을 때 선택의 폭이 사람마다 다르다.
반대 반론	물론 돈은 물질적인 수단에 불과하지만 그 돈으로 인해 자신이 원하는 학업을 이루거나 교양을 쌓는 등 자신의 욕구를 실현시켜 정신적인 행복감을 느낄 수 있으므로 돈으로 인한 행복은 오래 지속되지 않는다는 말은 옳지 않다.	**<재반박>** 욕망이 커지면 그로 인한 정신적 고통이 커진다.

나의 최종 입장
근거 1
개인이 느끼는 행복, 얻는 소득이 다르다.
근거 2
돈만이 행복할 방법이 아니다.
예상반론
돈이 있어야 정부에서 지원을 많이 해준다.
재반박
돈이 적은 나라에서도 살만큼의 지원은 해준다.

46 포토스탠딩 토론

포토스탠딩 토론은 사진을 활용하여 토론을 끌어내는 활동이다. 주제를 제시한 후 여러 사진 중에서 관련 내용을 골라 사진과 주제를 연결하여 스토리텔링하는 것이 일반적이다.

현대는 스토리텔링 시대이다. 광고, 드라마, 만화, 영화, 노래 가사 등이 대표적이다. 사진을 주제와 연결하는 가운데 교과 지식을 끄집어내고, 이를 이야기로 만드는 과정에서 다양한 상상력과 창의력이 발휘된다. 자기소개서를 쓸 때도 일률적인 스펙 나열보다 스토리로 활동을 연결하는 것이 훨씬 효과적이다.

사진 카드를 활용한 포토스탠딩 토론의 효과는 다음과 같다. 필자가 쓴『하브루타로 교과수업을 디자인하다』에서 발췌했다.

첫째, 학습 효과를 높인다. 시나 소설 등의 문학 작품을 사진 카드를 활용하여 이야기를 만들기 위해서는 작품에 대한 깊이 있는 분석이 필요하다. 또한 수업에서 배운 주제와 관련된 사진을 찾고 친구들과 이야기를 만드는 과정에서 연상 작용을 통해서 오래 기억하게 된다.

둘째, 상상력과 창의력을 키운다. 사진 카드를 활용하여 재미있고 생생한 이야기를 만들고, 이 과정에서 활발한 토론을 한다. 지식과 사진 카드를 서로 연결하여 이야기를 만들면서 배움을 삶과 연결하고, 상상력을 키울 수 있다. 이 가운데 창의력을 발휘한다.

셋째, 토론 효과를 높인다. 교과서 내용만으로 토론하는 것은 학생들에게 쉽지 않다. 하지만 사진을 매개로 생각하고, 대화하며 이야기를 만드는 과정에서 아이들은 재미있게 수업에 참여한다. 사진을 보고 내용을 설명하는 과정에서 자연스럽게 말문이 트이고, 이를 자기 생각과 연결하는 과정에서 토론 효과를 높인다.

사진 카드를 활용한 포토스탠딩 토론은 처음부터 모둠 토론으로 함께 이야기를 만드는 방법이 있고, 개별 활동을 모둠 활동으로 연결하는 방법이 있다. 여기서는 두 번째 방법을 소개한다.

개별 활동 : 주제에 맞는 이야기를 개별적으로 만든다. 1~4장의 사진을 활용한다.
모둠 활동 : 각자가 만든 이야기를 모둠에서 순서대로 발표한다. 최고의 이야기를 고른다.
전체 활동 : 모둠별 최고 이야기를 만든 사람이 나와서 발표한다.

시중에는 수업에서 활용할 수 있는 다양한 사진 카드가 발매되어 있다. 여기서는 디자인펜슬의 「좋은 상상」 사진 카드를 소개한다. 「좋은 상상」은 필자와 하봉걸 사진작가가 함께 만든 토론 카드이다. 하봉걸 작가는 사진의 교육적 효과에 주목해 온 사진작가로 유명하다. 필자도 작품이 초등학교 교과서에 실려 있으며 사진 달력, 전시회 등 다양한 활동을 해 왔다.

「좋은 상상」은 2개의 버전이 있고, 각 200매의 사진으로 구성되어 있다. 첫째 버전은 스토리텔링 위주, 둘째 버전은 테마와 감정 위주의 사진으로 구성되어 있다. 2가지를 함께 활용한다면 400매의 사진으로 학급 전체를 대상으로 충분한 포토스탠딩 토론이 가능하다. 네이버에서 '좋은 상상 카드'를 검색하면 된다.(구입처 1522-3151)

다음과 같이 다양한 방법으로 사진 카드를 활용한 포토스탠딩 토론 수업을 실시할 수 있다.

동기 유발 : 수업 도입 단계에서 배울 내용과 관련하여 교사가 직접 스토리를 만들어 사진을 보여 주면서 설명한다.

수업 주제로 스토리텔링 : 필자는 행복, 정의, 인권 등의 교과 주제를 제시한 후 이야기를 만들게 한다. 주로 중간고사나 기말고사 이후에 실시한다.

과목으로 스토리텔링 : 국어, 수학, 사회 등 과목으로 이야기를 만들게 한다. 1년 동안 수업을 마치고 주요 개념, 배우는 목적 등을 이야기로 만든다.

아이스브레이킹 : 교사 대상 연수나 일반인 대상 강의에서 사진을 배부한 후 주제와 관련한 이야기를 만들게 한다. 하브루타, 독서, 공부, 교사, 수업 등의 키워드를 제시한다. 강의 분위기를 활기차게 한다.

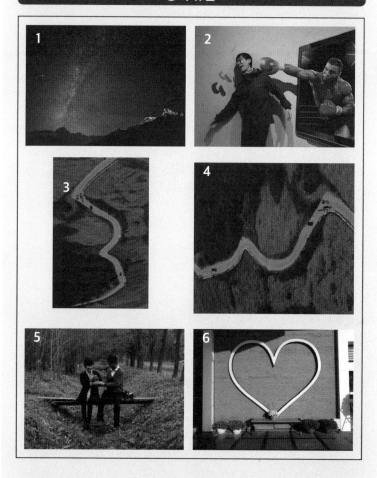

1. 수학에는 별과 같이 무수한 정의와 공식들이 있습니다. 오늘은 함수에 대해 배우겠습니다.
2. 만약 함수를 두려워해 포기한다면 여러분은 수포자가 될 것입니다.
3. 지금 보이는 길은 함수가 될 수 없습니다.
4. 하지만 관점을 바꾸면 함수가 될 수 있습니다.
5. 여러분이 함수와 사랑에 빠지게 된다면
6. 이처럼 예쁜 하트 방정식을 만들 수 있습니다. 함수 수업을 시작하겠습니다.

수업 주제로 스토리텔링 : 삶

1. 인간은 태어나서
2. 누구나 늙어 갑니다.
3. 삶은 희망과 고통이 연속된 길입니다.
4. 그 길을 함께 서로 도우며 걸으면 어떨까요?.

진로 스토리텔링 : 교사

작은 틈 사이에 웅크리고 앉아 있는 고양이처럼 마음 문을 닫은 학생에게 마음의 문을 열게 하는 좋은 교사가 되고 싶습니다.

47 띵커벨 토의·토론

띵커벨 사이트에서 다양한 토의·토론 활동이 가능하다. 주어진 주제에 대하여 학생들이 스마트폰으로 자기 의견을 다양하게 적을 수 있다. 의견들은 실시간으로 TV 화면으로 확인할 수 있으며, 이를 통해 학생들은 전체의 생각을 공유할 수 있다. 또한 교사는 적절한 피드백을 할 수 있다. 모든 학생의 생각은 엑셀 파일로 저장되어 이를 과목별 세부 능력 및 특기사항에 활용할 수 있다. 찬반, 신호등, 가치수직선, 투표, 띵킹보드, 워드 클라우드 등 6가지 토의·토론 유형이 제시된다.

교사

1. PC에서 띵커벨 사이트에 회원 가입을 한다.

2. 오른쪽 상단에서 [만들기]를 클릭한다.

3. 새로운 띵커벨 만들기가 나온다. [퀴즈]와 [토의·토론] 중에서 [토의·토론]을 선택한다.

4. 제목을 입력하고, 공개 범위(공개, 비공개)를 선택한다.

5. 교과군을 선택한 후 [확인]을 누른다.

6. 문제 유형을 찬성 반대, 신호등, 가치수직선, 투표, 띵킹보드, 워드 클라우드 중에서 선택한다.

7. 질문을 입력한다.

8. 제한 시간을 선택한다. (10초, 20초, 30초, 60초, 120초, 없음)

9. 아래의 [문제 완료]를 누른 후, 오른쪽 상단의 [완료]를 누른다.

10. 오른쪽 상단의 파란색 버튼 [모드 선택]을 누른다.

11. 왼쪽 [함께 플레이] 아래의 [Wifi-on]을 선택한다. 안내문이 나오고, 오른쪽 상단의 ×를 누르면 방 번호가 공개된다. 학생들에게 스마트폰으로 띵커벨에 입장해서 방 번호와 이름을 적게 한다.

12. 왼쪽의 [접속 현황]을 통해 학생 입장 여부를 확인한다. 전체 학생이 입장하면 [시작하기]를 누른다.

13. 주제가 보이면 [계속]을 누른다.

14. 학생들에게 의견을 입력하게 한다. 화면 오른쪽에 입력 인원이 숫자로 표기된다. 모든 학생이 입력하면 왼쪽의 [참여자 보기]를 누른다. 학생들이 적은 의견을 교사의 PC와 연결된 TV로 볼 수 있다. 필요할 때 교사는 TV 화면을 보면서 추가 피드백을 한다.

15. [완료] 후 PC에서 [결과 다운로드]를 선택한다. 학생 이름과 의견이 엑셀 파일로 저장된다. 이를 과목별 세부능력 및 특기사항에 활용할 수 있다.

학생

1. 스마트폰의 입력창에 tkbell.kr을 입력한다.

2. 방 번호와 자기 이름을 적고 [입장하기]를 누른다. 만약 입력창이 뜨지 않으면 상단의 [방 번호 입력]을 누른다.

3. 의견을 쓰고 [완료]를 누른다.

띵커벨 토의·토론 유형

1. 찬성 반대 : 찬성과 반대로 자신의 의견을 나타내는 토론이다.

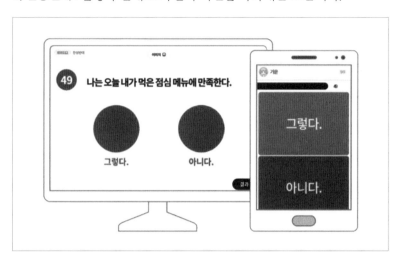

2. 신호등 : 주제에 대한 자신의 의견을 빨간색(반대), 노란색(중립), 초록색(찬성)으로 표현하는 토론이다.

3. **가치수직선** : 주제에 대한 개인의 의견을 수직선 위에 표현하는 방식의 토론이다.

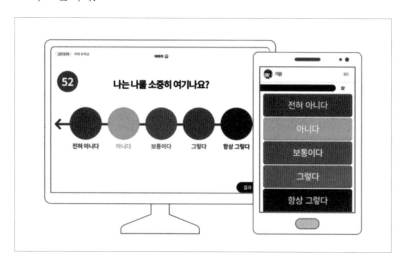

4. **투표** : 안건에 대한 의사를 표현하도록 한다. 중복 투표가 가능하다.

5. 띵킹보드 : 주제에 대한 의견을 자유롭게 받아 볼 수 있다. 과제 제시 후 학생들의 다양한 의견이나 해결 방안을 받아 볼 수 있다.

6. 워드 클라우드 : 주제에 대한 답변을 시각화하여 표현한다. 빈도가 높은 단어는 크게 제시된다. 3가지까지만 적을 수 있다.

Tip

1. 모드 선택에서 [Wifi-off]를 선택하면, 주제만 TV를 통해 확인할 수 있다.

2. 자신이 낸 토론 주제는 [보관함] 메뉴에 저장되어 어디에서나 불러올 수 있다.

3. [라이브러리] 메뉴에서 키워드를 입력하면 전국 교사들의 다양한 토론 주제를 볼 수 있다.

4. [리포트] 메뉴에서 진행한 모든 주제에 대해 엑셀 파일로 결과를 내려받을 수 있다.

띵커벨 토의 토론

· 휴대폰에 입력

NAVER | tkbell.kr | Q

· 방 번호와 이름 적기(입력창이 뜨지 않으면 '방 번호 입력' 클릭)

· 주제를 읽고 자기 생각 입력하기

· [완료] 클릭

48 톨민의 6단 논법 글쓰기

 글은 일기를 제외하고는 자기를 타인에게 드러내는 보편적인 수단이다. 자기소개서, 서술형 고사, 논술 고사, 보고서, 각종 계획서나 제안서 등의 글은 자기 역량을 드러내고, 때로는 평가 대상이 되기도 한다. 따라서 자기가 알고 있는 지식이나 생각을 쉽고 설득력 있게 타인에게 전달하는 글쓰기 능력은 시대를 막론하고 필요하다.

 논술은 다양한 입장이 가능한 주제에 대해 어느 한쪽의 입장을 정해 논리적으로 글을 쓰는 활동이다. 논술을 하려면 머리가 생각과 지식으로 채워져야 가능하다. 자기 생각만으로는 얼마 채우지 못한다. 토론을 통해서 다른 친구의 생각으로도 채워야 한다. 또한 주제에 대한 교과서 내용으로 관련 지식을 채워야 한다.

 교사들은 요즘 아이들이 제일 싫어하는 것이 생각하는 것, 글 쓰는 것이라고 생각하는데, 그것은 오해다. 강의 수업으로 아이들이 생각할 기회를 빼앗았기 때문이다. 또한 채워 주지 않고 글을 쓰게 했고, 글 쓰는 방법을 가르쳐 주지 않은 상태에서 글을 쓰게 했기 때문이다. 학기 말에 수업 만족도 설문 조사를 하면 논술 활동에 대한 만족도가 높은 편이다. 논술이 어렵다는 편견이 있었는데 글쓰기에 자신감을 갖게 되었다는 내용이 많다.

 토론을 논술 활동으로 연결하면 훨씬 쉽고 논리적인 글쓰기가 가능해진다. 주제에 대해 질문 만들기를 하여 토론하고, 각자 만든 근거로 하브루타를 하면서 좀 더 좋은 근거로 가다듬고, 전체 토론을 통해 다양한 견해를 체험하고, 글 쓰는 법을 가르친 후에 글을 쓰게 한다. 그러면 보통 고등학생은 30분 정도면 800자 정도의 논술을 쓸 수 있다.

필자는 한 학기에 한 번씩 토론과 논술을 연계한 활동을 한다. 그 내용은 다음과 같다.

- 1차시 : 논제 제시, 관련 강의 후 질문 만들기 하브루타
- 2차시 : 근거 만들기 하브루타
- 3차시 : 전체 찬반 토론
- 4차시 : 톨민의 6단 논법 논술 쓰기

톨민의 6단 논법은 스티븐 톨민이 영국 케임브리지대학교 박사학위 논문 「논술의 활용」에서 처음 발표했다. 톨민은 1990년 미국토론학회가 토론 분야에서 탁월하게 공로를 세운 사람에게 주는 상을 받았다. 이후 6단 논법은 여러 토론과 논술 교과서에 등장하고, 국제 토론 챔피언 대회에 쓰이게 되었다.

필자는 10년 이상 심화 수업, 영재 수업, 계절학기 등의 논술 수업을 운영하고, 학기마다 과정 중심 평가로 논술을 실시하면서 톨민 6단 논법을 활용해 왔다. 수학 공식을 알고 있으면 숫자만 대입하면 문제가 풀린다. 마찬가지로 톨민 6단 논법에 생각만 대입하면 논술문이 작성된다. 수업에서 배운 지식과 토론으로 채워진 생각을 6단 논법에 차례대로 대입하면 쉽고 논리적인 글을 쓰게 된다. 톨민의 6단 논법은 다음과 같다.

- 1단계 : 안건

논제와 관련한 사회 이슈나 논제의 배경을 설명한다. 찬성과 반대 주장을 대비하여 요약할 수도 있다.

- 2단계 : 결론

안건에 대한 자신의 입장을 찬성 혹은 반대로 제시한다.

- 3단계 : 이유

결론에 이르게 된 이유를 제시한다. 키워드 + 서술어의 형식으로 이유로만 전체 근거 내용을 파악할 수 있도록 1줄로 요약한다.

- 4단계 : 설명

이유에 대한 보충 설명이다. 통계나 전문가 의견, 구체적 사례를 통해 이유를 정당화한다. 필자는 교과서에서 배운 지식이나 사상을 활용하게 하고, 자기 생각과 연결하게 한다.

- 5단계 : 반론 꺾기

상대의 핵심 근거를 예상 반론으로 제시한 후, 이를 재반박한다.

- 6단계 : 정리

이제까지 주장에 대한 예외를 정리한 후, 자신의 주장을 확실히 한다.

필자의 논술 수업에서는 5단계 반론 꺾기를 예상 반론과 재반박으로 나누고 6단계 정리는 생략하여 쓰게 한다. 수업 시간에 다음과 같은 PPT를 제공한다.

논제 : 부유한 국가일수록 행복하다.

① 안건 : 논제의 배경(P32 경제적 안정 활용),
　　　　　찬반 대비 요약(p33 자료 1 사상가 활용)
② 결론 : 나는 부유한 국가일수록 행복하다에 찬성한다. 혹은 반대한다.
③ 이유 : 왜냐하면(그 이유는) ＿＿＿＿＿＿때문이다.(1문장, 1~2줄)
④ 설명 : 이유에 대한 보충 설명(3~5문장)
　　　　　교과서 내용 활용(문장 통째로 베끼는 것은 삼가)
　　　　　토론 내용 활용, 구체적 사례 제시 등
⑤ 예상반론 : 상대 주장을 한 문장으로 요약
　　　　　　　(나와 반대의견을 가진 사람은~　주장할 수 있다.)
⑥ 재반박 : 예상반론에 대한 반박(구체적으로)

　다음은 학생의 논술 사례이다. 위의 PPT에 해당하는 순서대로 번호
를 부여했다.

① 기본적인 삶의 질을 유지하려면 일정 수준 이상의 소득이 필요하다. 이
　를 위해서 국가는 경제 규모를 확대하여 국가의 부를 늘려야 한다. 그러
　나 국가가 부유하더라도 지역 격차나 빈부 격차가 있기 마련이다. 특히
　우리나라의 경우 타인과 비교하는 특성이 강하므로 절대적 빈곤보다
　상대적 박탈감이 많은 사람을 행복하지 않다고 생각하게 한다.
② 나는 '부유한 국가일수록 더 행복하다.'에 반대한다.
③ 왜냐하면 소득이 일정 수준에 도달하여 기본 욕구가 충족되면 이후에
　는 행복과 비례하지 않기 때문이다.
④ 이를 이스털린의 역설이라고 한다. 이스털린은 미국의 경우 1940년대
　에서 50년대 후반까지는 소득이 증가함에 따라 국민 행복도가 증가했
　지만, 60년대와 70년대에는 급속한 경제 성장에도 불구하고 오히려 행
　도가 감소했다는 사례를 제시한다. 또한 우리나라를 보더라도 경제 규
　모는 세계 10위권이며, 유엔 개발계획의 평가에서 객관적 조건을 종합

하면 26위이다. 그런데도 국민의 행복도는 60위가 넘는다. 이는 소득과 행복이 지속해서 비례하지 않으며 일정 수준의 소득 이후에는 인간관계나 사회적 분위기 등이 더 중요함을 의미한다.

⑤ 이에 반해 스티븐슨은 소득이 늘어나면 선택 기회가 많아져 더 자유롭고 건강한 생활을 하므로 돈이 행복에 미치는 영향에는 한계가 없다고 주장한다.

⑥ 하지만 많은 소득은 그만큼의 희생이 있어야 한다. 예를 들어 더 많은 일을 해야 하고, 더 많은 스트레스를 받아야 한다. 또한 행복은 절대적 소득보다 상대적 소득이 미치는 영향이 더 크다. 국가의 부의 수준에 따른 부유층이 빈곤층보다 일관되게 행복하다고 나타났다. 이는 실제 자신의 절대적인 소득보다 다른 사람과 비교한 상대적 소득 수준에서 행복을 찾는다는 의미이다. 단순히 국가의 소득 수준이 국민의 행복을 담보하지 않음을 알 수 있다. 따라서 부유한 국가일수록 더 행복한 것은 아니다.

툴민의 6단 논법

· **안건** : 논제와 관련한 사회 이슈나 배경 쓰기, 찬반 대비 요약하기
· **결론** : 논제에 대한 자기 입장 쓰기
· **이유** : 키워드 + 서술어'로 근거의 핵심 내용 요약하기
· **설명** : 교과서 내용과 자기 생각을 연결하여 보충 설명하기
· **예상 반론** : 상대 근거의 핵심 제시하기
· **재반박** : 예상 반론을 다시 반박하기

49 O-R-E-O MAP 하버드 글쓰기

하버드대학교는 글쓰기 능력을 중시한다. 그래서 오랫동안 글쓰기 수업의 전통을 지켜 왔다. 왜냐하면 학생들이 '창의적이고 논리적이고 설득력 있는 사람으로 거듭나는 것'을 중요시했기 때문이다. 그리고 이를 글쓰기의 목표로 삼았다. 하버드가 세계 최고의 대학이며, 훌륭한 인물을 많이 배출하는 이유는 '글쓰기' 때문이다. 하버드를 졸업한 저명한 기업가, 대통령, 노벨상 수상자 그리고 세계적 영향을 끼치는 사람들이 하버드에서 글쓰기를 배웠다.

O-R-E-O MAP(오레오맵) 글쓰기는 하버드대학교의 오랜 글쓰기 전통을 하나의 공식으로 만들어, 논리력·사고력·전달력·설득력을 갖춘 글을 쉽게 쓰게 하는 방법이다. 오레오맵은 논리적인 글의 전개 방식으로 '의견 - 이유 - 증명 - 의견 강조 및 제안'을 제시하는데, 영어 단어 앞 글자를 따서 만든 글쓰기 도구이다. 글쓰기 전문가 송숙희가 『150년 하버드 글쓰기 비법』를 통해서 소개하는 내용은 다음과 같다.

- Opinion(의견 주장) : 핵심 의견을 주장한다.
- Reason(이유 들기) : 이유와 근거로 주장을 증명한다.
- Example(증명하기) : 사례와 예시로 거듭 증명한다.
- Opinion/Offer(의견 강조 및 제안) : 핵심 의견을 강조하고 제안한다.

톨민의 6단 논법에서 1단계 안건과 5단계 반론 꺾기를 제외하면 나머지는 거의 내용이 비슷하다. 톨민의 6단 논법이 찬반이 명확한 논술에 최적화된 방법이라면, 오레오맵은 핵심 내용을 좀 더 빠르게 전달하여 상대에게 자기 의견이 채택되도록 하는 데 적합하다. 따라서 보고서, 기획서, 제안서, 보도 자료, 연설문뿐만 아니라 개인 블로그 포스팅이나 SNS에서도 빠르고 논리적인 글을 올릴 수 있다.

송숙희는 앞의 책에서 세계적인 투자가 워런 버핏의 글쓰기를 소개한다. 워런 버핏은 빌 게이츠, 제프리 이멜트 등 세계적인 경영자들에게 글쓰기를 가르치고, 미국 정부에서 주는 글쓰기 상을 받을 만큼 글을 잘쓴다. 그 역시 오레오맵 순서대로 개요를 갖춰 이메일, 편지, 보고서 등을 작성한다. 워런 버핏이 주주들에게 쓴 편지의 개요는 이런 식이다.

- Opinion(의견) : 전년도 사업 성과를 순이익, 주당 가치별로 제시한다.
- Reason(이유) : 이런 성과를 낸 이유를 든다.
- Example(증명) : 구체적인 사례로 내용을 보강한다.
- Opinion(의견) : 내년에도 좋은 성과를 내겠다며 결론(의견)을 강조한다.

오레오맵 순서대로 1줄씩만 작성하면 글의 개요가 완성된다. 그리고 오레오맵에 맞게 문장을 써서 문단으로 만들어 연결하면 한 편의 글이 완성된다. 이 글의 첫 문장도 오레오맵으로 만든 문장이다.

Opinion **(의견)**	하버드대학교는 글쓰기 능력을 중시한다. 그래서 오랫동안 글쓰기 수업의 전통을 지켜 왔다.
Reason **(이유)**	왜냐하면 학생들이 '창의적이고 논리적이고 설득력 있는 사람으로 거듭나는 것'을 중요시했기 때문이다. 그리고 이를 글쓰기의 목표로 삼았다.
Example **(증명)**	하버드가 세계 최고의 대학이며, 훌륭한 인물을 많이 배출하는 이유는 '글쓰기' 때문이다. 하버드를 졸업한 저명한 기업가, 대통령, 노벨상 수상자 그리고 세계적 영향을 끼치는 사람들이 하버드에서 글쓰기를 배웠다.
Opinion **(의견)**	O-R-E-O MAP(오레오맵) 글쓰기는 하버드대학교의 오랜 글쓰기 전통을 하나의 공식으로 만들어, 논리력·사고력·전달력·설득력을 갖춘 글을 쉽게 쓰게 하는 방법이다.

Tip

1. 수업 정리 단계에서 배운 내용을 오레오맵 형식으로 정리하게 하면 글쓰기뿐만 아니라 복습 효과가 있다. 이렇게 올바른 글쓰기 습관을 기른다면 자연스럽게 좋은 글을 쓰는 힘을 키울 수 있다.

2. 오레오맵은 토론에서도 상대를 설득하는 효과적인 전략이다. 핵심 주장을 먼저 말한 후에, 이유를 제시하고, 구체적 사례로 증명하는 것이다. 마지막으로 주장을 한 번 더 강조한다. 논술이든, 토론이든, 면접이든 자기 생각을 표현할 때는 두괄식이 효과적이다. 내 생각을 가장 쉽고, 임팩트 있게 전달한다.

3. 수업에서 다음과 같이 오레오맵 질문을 하면 아이들의 생각을 자극하고, 논리적인 발표력을 키울 수 있다.
   - Opinion(의견) : 네 주장은 뭐니? 네 의견은 어때?
   - Reason(이유) : 왜 그렇게 생각해?
   - Example(증명) : 구체적 사례가 있을까? 어떻게 증명할까?
   - Opinion/Offer(의견/제안) : 다시 한 번 강조해서 말해 볼까? 네가 제안하고 싶은 것은?

오레오맵(O-R-E-O Map)

- **Opinion(의견 주장)** : 핵심 의견을 주장한다.

- **Reason(이유)** : 이유와 근거로 주장을 증명한다.

- **Example(증명)** : 사례와 예시로 거듭 증명한다.

- **Opinion/Offer(의견 강조/제안)** : 핵심 의견을 강조하고 제안한다.

50 8쪽 책 만들기

　　8쪽 책 만들기는 A4 용지를 활용하여 8쪽의 책을 만들어 수업에서 배운 내용을 다양한 방법으로 표현하는 활동이다. 필자는 고등학교 1학년 통합사회 과목 행복 단원에서 '나의 행복 기준은 무엇인지 성찰해 볼까?'라는 주제로 '행복 책 만들기' 활동을 했다. 자기의 수업에서 아이들이 어떤 책을 만들게 할 것인가 생각해 보면 좋은 아이디어가 떠오를 것으로 생각한다. 아래의 책 만드는 방법은 통합사회 천재교육 교과서에 나오는 내용이다.

1. A4 용지와 사인펜 등을 나눠 주고, 책 만드는 방법을 알려 준다.

① 8칸을 접어 주세요.

② 점선대로 잘라 주세요.

③ 엇갈리게 접어 주세요.

④ 반으로 접어 주세요.

⑤ 한 방향으로 접어 주세요.

⑥ 책 만들기 완성

2. 표지에 '나의 행복'이라고 적고, 아래에 학반과 저자 ○○○라고 이름을 적는다.

3. 최근 자신이 경험한 행복했던 일을 5가지 선정하여 한 쪽에 하나씩 적는다. 표지와 각 페이지마다 행복했던 순간을 생각하며 정성껏 그림을 그린다.

4. 7쪽에 5가지 일 중에서 가장 행복했던 일을 1가지만 골라 기록하고, 그것을 선정한 이유를 적는다.

5. 7쪽에 적은 가장 행복한 일을 육각 보드에 적는다. (이유는 쓰지 않음)

6. 육각 보드를 칠판에 비슷한 내용끼리 묶어서 붙인다.

7. 교사가 비슷한 내용끼리 분류된 내용을 정리해서 학생들에게 설명한다.

8. 8쪽에 오늘 수업에서 배우고 느낀 점을 적는다.

Tip

1. 책 만들기 활동으로 다음과 같은 다양한 수업이 가능하다.

   - 개념 사전 만들기
   - 소리는 같지만 뜻이 다른 낱말 사전 만들기
   - 소설의 등장인물 사전 만들기
   - 시험 범위에서 문제 만들기
   - 버킷 리스트 꾸미기
   - 나만의 책 만들기(글, 그림, 사진으로 자기 소개, 꿈, 취미, 좌우명, 장단점 등을 자유롭게 적기)

2. 필자는 배우고 느낀 점을 세부능력 및 특기사항 기록에 참고하였다.

   > 학생들이 적은 가장 행복한 일
   > - 모기를 하루에 3마리 잡았을 때
   > - 딱 내가 길을 건너려고 할 때 횡단보도가 초록색이 될 때
   > - 중간고사 때 자포자기 심정으로 수학을 찍었는데 1문제 맞혔을 때
   > - 틴트 살려고 올리브영에 갔는데 마침 세일하고 있을 때
   > - 아침 일찍 일어나서 창문을 열 때
   > - 새벽 공기 냄새가 좋아서 베란다에 서 있을 때
   > - 맛있는 것 먹고 바로 누워서 트림할 때
   > - 하루 일과를 마치고 침대에 누워서 친구들과 전화할 때
   >
   > 배우고 느낀 점
   > 　고등학교 입학 후 기쁜 일도 있었지만, 성적 관리 때문에 너무 힘들고 스스로 불행하다는 생각을 자주 하게 되었다. 그러나 오늘 이 책을 만들면서 내가 행복했던 시간을 떠올리고, 그림을 그리면서 저절로 마음이 행복해짐을 느낄 수 있었다.
   > 　사실 어렸을 때는 마냥 노는 게 행복인 줄 알았다. 점점 크면서 경쟁 속에 살다 보니 행복은 지금이 아닌 나중에 도달해야 할 목표처럼 생각했다. 하지만 칠판에 적힌 친구들의 행복도 거창한 것이 아니라 대부분 일상 속에서의 작은 여유와 자유였다. 오늘 나의 행복을 돌아보면서 힘들다고만 느꼈던 내 생활이 그렇지 않음을 알게 되었고, 감사한 마음이 들었다.

8쪽 책 만들기

- A4 용지로 8쪽 책을 만든다.

- 1쪽에 '나의 행복'이라는 제목과 학반, 이름을 적는다.(표지)

- 2~6쪽에 최근 행복했던 일을 1개씩 적고, 그림으로 표현한다.(5가지)

- 7쪽에 그중 가장 행복했던 일을 적고, 이유를 적는다.

- 7쪽에 적은 가장 행복했던 일을 육각 보드에 적어 칠판에 붙인다.(같은 종류)

- 8쪽에 '배우고 느낀 점'을 적는다.

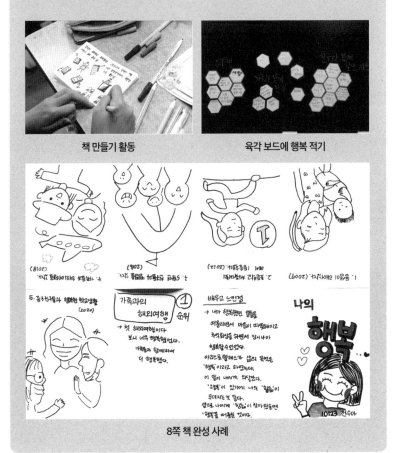

책 만들기 활동   육각 보드에 행복 적기

8쪽 책 완성 사례

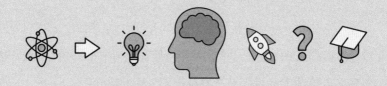

프로젝트 수업

프로젝트 수업에서 교사의 얼굴은 여러 가지이다.
수업을 구상할 때는 기획자이며, 제목을 정할 때는
카피라이터이고, 수업을 진행할 때는 감독이지만,
막상 수업 속으로 들어가면 학생들의 조력자에 머물 뿐이다.
프로젝트 수업이라는 무대에서 가장 빛나야 할
주인공은 학생이기 때문이다.

- 이현정, 최무연, 임해정, 『프로젝트 수업, 배움을 디자인하다』

51 낙태와 피임법 바로 알기

생활과 윤리 교과 2단원 '낙태의 윤리적 쟁점'과 관련한 수업 사례이다. 낙태죄는 2019년 헌법재판소에서 헌법 불일치 판결이 났지만, 수업은 올바른 생명 윤리를 갖게 하는 목적으로 설계했다.

교육과정을 재구성하여 교과서에 나오지 않는 피임 내용을 추가하여 낙태를 삶과 연결하게 했다. 또한 칸트나 벤담은 별도의 단원에 나오지만 이를 옮겨 낙태 수업과 연결하였다. 수업 설계 과정에서 다음 2가지에 초점을 두었다.

첫째, 낙태는 쌍꺼풀이나 라식 수술처럼 단순한 편의를 위한 것이 아닌 생명과 관련된 행위임을 알게 하고자 했다. 이를 위해 산부인과 의사와 약사의 인터뷰 장면이 담긴 다큐멘터리를 보고 질문 하브루타 활동을 했다.

둘째, 수업 시간에 배운 철학가의 사상을 자기 삶의 선택 과정에서 적용하고자 했다. 이를 위해 토론과 논술 과정에서 단순히 자기 생각으로 근거를 정당화하지 말고, 칸트나 벤담의 사상을 자기 생각과 연결하게 했다.

학습 목표

1. 낙태에 대해 칸트와 벤담의 사상을 근거로 논술할 수 있다.
2. 다양한 피임법을 조사하고 설명할 수 있다.

수업 전개

차시	내용	수업 내용(학생 활동)	평가
1차시	다큐 감상	· 제목 : 낙태 · 질문 하브루타	활동지
2차시	관련 사상	· 칸트 의무론과 벤담 공리주의 · 친구 가르치기 하브루타	활동지
3차시	하브루타	· 근거 만들기 하브루타 · 칸트나 벤담 사상 활용하기	활동지
4차시	전체 토론	· 프로초이스 vs 프로라이프 · 가치수직선에 입장 적기	활동지
5차시	모둠 활동	· 다양한 피임 방법 조사하기 · 피임 방법 발표 자료 만들기	전지
6차시	모둠 발표	· 모둠별 발표 · 최종 피임 방법 선택하기	전지
7차시	논술 쓰기	· 툴민의 6단 논법으로 논술하기	원고지

■ 1차시 : 다큐멘터리 보고 질문 만들기

문화평론가인 박상미 작가가 연출한 다큐멘터리 「낙태」를 보여 주었다. (방영 시간 24분) 낙태 반대 의사와의 인터뷰 장면이 등장한다. 다큐멘터리를 본 후 질문 하브루타 활동을 한다.

■ 2차시 : 관련 사상 알기

칸트의 의무론과 벤담의 공리주의에 대해 탐구한다. 칸트는 보편적인 도덕 법칙을 강조하고 인간의 생명을 수단화하는 것에 반대하므로 낙태에 반대한다. 벤담은 쾌락을 높이고 고통을 감소하는 행동이 도덕적이라는 입장으로 유용성을 강조하므로 낙태에 찬성한다. 자료를 읽고, 각 사상의 내용을 요약하게 한다. 이후 교사가 강의하고, 친구 가르치기 활동을 통해 두 사상을 설명할 수 있게 한다.

■ 3차시 : 근거 만들기 하브루타

근거는 찬반 2개씩 만들게 한다. 자신과 반대되는 입장을 아는 것이 다양한 입장을 이해하고, 상대의 반론에도 잘 대처할 수 있기 때문이다. 그리고 찬반 근거 2가지 중 1개는 반드시 칸트나 벤담의 사상을 활용하게 한다. 이를 통해 수업 시간에 배운 철학가의 사상을 자기 생각과 연결할 수 있다. 모둠별 최종 근거를 보면서 자신의 입장과 근거를 선택한다. 이후 다음 차시 전체 토론을 위해 입론자를 정한다.

■ 4차시 : 전체 토론과 가치 수직선

프로초이스 vs 프로라이프의 전체 토론이다. 토론 후 학생들은 자신의 최종 입장을 정하고, 포스트잇에 근거를 적는다. 교사는 게시판에 가치수직선을 만들어 자기 입장에 해당하는 위치에 붙이게 한다. 자기 입장을 강한 찬성, 강한 반대, 또는 어느 적절한 지점에 표현하게 한다.

■ 5차시 : 모둠별 피임 자료 만들기

모둠별로 다양한 피임법을 조사하고, 가장 바람직한 피임 방법을 소개하는 자료를 만든다. 전지와 색사인펜을 모둠별로 배부한다. 스마트폰을 활용하여 다양한 피임 방법을 검색하게 한 후 특징, 장단점 등을 조사한 후 가장 바람직하다고 생각하는 피임법 2가지를 적게 한다.

■ 6차시 : 발표 및 최종 피임 방법 선택하기

모둠별로 발표 자료를 칠판에 부착한 후 발표한다. 발표가 끝나면 교사는 언급된 모든 피임 방법을 판서하고, 학생들은 포스트잇으로 자신이 생각하는 가장 바람직한 피임법에 투표한다.

■ 7차시 : 논술

이제까지 활동을 중심으로 자기 입장을 논술하게 한다. 톨민의 글쓰기 논법에 따라 쓰게 한다.

세특 기록 내용은 다음과 같다.

낙태에 대한 다큐 감상, 하브루타, 피임법 모둠 발표, 논술 쓰기를 하면서 프로라이프 입장에서 논술문을 작성함. 낙태 찬반 토론에서 반대 입론을 맡아 칸트의 의무론에 바탕한 생명의 존엄성을 근거로 자신의 주장을 함. 토론 준비를 위해 국내외 법을 조사하였으며, 종교 등의 요인이 낙태 제도에 영향을 미쳤는지를 탐구함. 이후 톨민의 글쓰기 단계에 따라 생명의 존엄성, 생명 경시풍조를 근거로 논술을 작성함. 칸트와 공리주의를 통해 일상의 선택에서 중요한 판단 원리를 알게 되었으며, 문제 해결 과정에서 다양한 시각으로 바라보게 됨. 다양한 철학 사상들이 삶과 별개가 아님을 배웠고 과학자가 진로 관심인 학생으로 과학자의 윤리성과 책임 윤리에 대해 깨달음.

낙태와 피임법 바로 알기 활동 모습

다양한 피임 방법 조사하기

피임 방법 발표 자료 만들기

피임 방법 모둠별 발표

최종 피임 방법 선택하기

52 코로나 블루 극복을 위한 랜선으로 떠나는 세계 문화 여행

코로나 블루는 '코로나19'와 '우울감(blue)'이 합쳐진 신조어로 코로나 19 장기화로 인해 일상생활이 힘들어지면서 생긴 무력감이나 불안감 또는 우울감을 뜻한다. 코로나19로 우울해하는 사람들의 수가 급증한다는 기사와 연관해 진행하게 된 울산 신언중학교 최미진 교사(도덕)의 수업 사례이다.

학생들이 살아가면서 부딪치는 도덕적 문제 상황이나 해결해야 할 과제들은 도덕 교과서에 제시된 사례보다 훨씬 복잡하다. 그래서 학생들은 자신 또는 우리와 관련되어 있는, 삶과 맥락을 같이 하는 문제에 대해 복합적으로 이해하고 깊이 있게 사고하며 탐구하는 과정에서 자연스럽게 협력하며 스스로 문제를 해결하는 경험을 가질 필요가 있다. 학생들이 해결할 만한 가치가 있는 도전적이고 흥미로운 내용이 학습 문제가 되는 순간, 더 이상 지루한 수업이 아닌 삶과 연결된 배움이 된다.

친구들이나 자신이 겪고 있는 코로나 우울 문제를 함께 극복하는 방법으로 8차시에 걸친 온·오프라인 융합 프로젝트 수업 '랜선으로 떠나는 세계 문화 여행'을 실시하였다. 산출물의 완성도도 중요하지만, 무엇보다 학생들이 프로젝트를 수행하는 과정에서 핵심 지식을 이해하고 적용하며, 사고력과 협업, 문제해결력을 기르는 과정에 중점을 두어 수업을 진행하였다.

학습 목표

1. 문화를 바라보는 바람직한 관점을 설명할 수 있다.
2. 문화적 차이와 다름을 존중하는 등 다양성을 긍정하는 자세를 지닐 수 있다.

수업 전개

차시	단계	형태	수업 내용(학생 활동)
1차시	수업 준비	대면	· 탐구 문제 확인
2차시	탐구 활동	원격	· 탐구 주제 선정 · 프로젝트 수업 흐름 확인 · 모둠별 프로젝트 계획서 작성
3차시	탐구 활동	대면	· 문제해결을 위한 매체 활용법 확인 구글 어스, 구글 스트리트뷰, 구글 아트 앤컬쳐, 파워포인트, 미리캔버스, 화면 녹화 프로그램, 동영상 편집 프로그램 등
4~5차시	산출물 제작 및 발표	대면	· 모둠별(여행사별) 랜선 여행 상품 광고지 제작 탐구 활동 · 랜선 여행 상품 광고 발표회
6~7차시	산출물 제작 및 발표	원격	· 모둠별(여행사별) 랜선 여행 상품 영상 제작 탐구 활동 · 랜선 여행 상품 영상 발표회
8차시	평가	대면	· 동료 평가 및 자기 평가(과정 중심 평가) · 성찰일지 기록 및 소감 나누기

■ 1차시 : 탐구 문제 확인(대면)

최근에 코로나19로 우울해하는 사람들의 수가 급증하여 "OECD 국가 중 한국이 최다이며, 특히 청소년도 코로나 블루가 심각해서 10명

중 1명은 자해, 자살을 생각한다."라는 신문 기사와 함께 「KBS 생로병사의 비밀-코로나 블루, 흔들리는 내 마음을 지켜라」 영상을 학생들에게 제시하였다. 코로나 블루에 대한 학생들의 생각을 이야기 나누고, 질병관리본부에서 제공하는 코로나 블루 자가 진단 체크리스트를 학생들에게 응답해 보도록 했다.

KBS 생로병사의 비밀

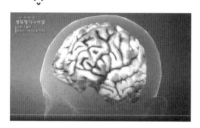

코로나 블루 자가 진단

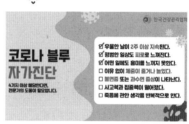

■ 2차시 : 탐구 주제 선정 및 프로젝트 수업 흐름 확인, 모둠별 프로젝트 계획서 작성(원격)

학생들에게 20.5%의 친구들 또는 내가 코로나 블루를 겪고 있다는 자가 진단 결과를 공유하면서, 이 우울감을 함께 이겨내 보자고 하며 프로젝트 수업을 유도하였다. 우리가 해결해야 할 탐구 질문인 "코로나 블루를 안전하고 즐겁게 극복할 수 있는 방법은 무엇일까?"를 제시하였다.

처음에는 모둠별로 탐구할 소주제를 선정하도록 하였으나 모둠 활동에 생소한 1학년 학생들이 모둠별 주제 선정에 많은 어려움을 겪어 학급 전체가 함께 탐구 주제를 선정하는 것으로 변경하였다. 원격수업 주간이라 멘티미터 워드 클라우드를 활용하여 학생들의 생각을 모았으며, '여행'이라는 의견이 가장 많아 '랜선으로 떠나는 세계 문화 여행'이라는 탐구 주제를 학생들과 함께 선정하였다.

　모둠별로 하나의 여행사가 되어, 장기화된 코로나19로 인한 우울함을 극복하기 위해 랜선 세계 문화 여행 상품을 홍보하는 광고지와 랜선 여행 영상을 제작하는 프로젝트 수업의 흐름을 학생들에게 안내했다. 그러고 나서 학생들이 과제 해결을 위해 어떤 과정으로 어떻게 역할을 분담하여(무임승차자가 생기지 않도록) 진행해 나갈지 계획하는 모둠별 프로젝트 계획서를 구글 공유문서로 작성하도록 하였다.

탐구 주제 정하기 / 모둠별 프로젝트 계획서

■ 3차시 : 문제해결을 위한 매체 활용법 확인(대면)

　랜선으로 떠나는 세계 문화 여행 상품 광고지와 영상 제작 발표라는 탐구 주제를 해결하는 데 필요한 웹사이트와 프로그램들을 학생들에게 소개하였다. 세계 문화를 탐색, 이해하는 데 도움이 될 만한 웹사이트인 구글 어스와 스트리트뷰, 구글 아트앤컬처 활용 방법을 안내하고, 광고지와 영상 제작에 필요한 프로그램인 파워포인트와 프레지, 미리캔버스, 화면 녹화 프로그램, 동영상 편집 프로그램 등을 소개하였다.

탐구 문제 해결을 위한 매체 활용법 소개

■ 4~5차시 : 모둠별(여행사별) 랜선 여행 상품 광고지 제작 탐구 활동
및 광고 발표회(대면)

모둠별, 즉 여행사별로 선정한 랜선 여행 상품을 친구들에게 홍보하
는 광고지를 제작하고 발표회를 가졌다. 구글 공유문서를 활용하여 모
둠원들이 광고지 초안을 함께 만들어 보고, 파워포인트와 미리캔버스
등을 활용하여 여행 상품 광고지를 제작하여 친구들의 관심과 흥미를
유발할 수 있는 창의적이고 효과적인 아이디어로 자유롭게 발표하는
랜선 여행 상품 광고지 발표회를 실시하였다. 학생들은 다른 모둠의 발
표를 들으며 이에 대한 자신의 의견을 기록하도록 하였다.

랜선 여행 상품 광고지 제작 발표회

모둠별(여행사별) 랜선 여행 상품 광고지

■ 6~7차시 : 모둠별(여행사별) 랜선 여행 상품 영상 제작 탐구 활동 및
영상 발표회(원격)

모둠별로 선정한 여행지의 문화를 구글 어스, 구글 스트리트뷰, 구글
아트앤컬처, 인터넷포털 사이트 등을 활용하여 조사하고, 이를 소개하
는 랜선 여행 영상을 제작한 뒤 ZOOM을 활용하여 영상 발표회를 실
시하였다. 학생들은 다른 모둠의 발표를 들으며 이에 대한 자신의 의견
을 기록하도록 하였다.

랜선 여행 상품 영상 제작 발표회

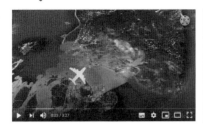

■8차시 : 과정 중심 평가, 성찰일지 기록 및 소감 나누기(대면)

프로젝트 수업 과정에서 과정 중심 평가를 실시하고, 성찰일지를 기록하여 수업을 통해 배우고 느낀 점, 자신의 역할과 수행에서의 아쉬운 점, 더 알고 싶은 점 등을 기록하도록 하였다. 육각 보드를 활용하여 이번 프로젝트 수업에 대한 소감을 함께 나누었다.

프로젝트 수업에 대한 소감 나누기

53 미디어 리터러시 : 가짜 뉴스를 근절하라!

　자유학기 주제 선택 활동으로 이루어진 수업으로 이화중학교 김혜영 선생님의 사례이다. 여러 가지 성취 기준의 핵심 요소를 바탕으로 재구성하여 실천한 미디어 리터러시 수업이다. 국어과 교육에 반영된 미디어 리터러시 관련 내용을 바탕으로 단순히 아는 것에서 넘어서 실천하는 것에 중점을 두고, 다양한 국어 활동 중 의사소통 상황에서 삶과 밀착된 미디어에 대한 이해를 높이기 위한 수업 활동이다.

　홍수처럼 쏟아져 나오는 미디어 정보 속에서 미디어가 전달하는 정보나 콘텐츠를 비판적으로 이해하고, 이를 활용하여 의미 있는 정보와 문화를 생산하고 전달하도록 구성하였다. 수업 설계 과정에서 2가지에 초점을 두었다.

　첫째, 최근 문제가 되고 있는 가짜 뉴스의 심각성을 인식하고, 어떤 것이 가짜 뉴스인지에 대해 비판적 사고력을 높이도록 하였다. 이를 위해 미디어를 무비판적으로 수용할 경우 어떻게 될지 토의 활동을 했다.

　둘째, 가짜 뉴스를 판별하는 방법에 대해 기준을 세우고 팩트 체크 방법에 대해 소모둠으로 조사하도록 하였다. 그런 다음 학생들이 직접 디지털 도구를 활용하여 가짜 뉴스를 근절하기 위한 디지털 포스터를 제작하도록 하였다.

학습 목표

1. 디지털 미디어의 대중적 속성을 비판적으로 이해하고, 가짜 뉴스의 심각성에 대해 말할 수 있다.
2. 가짜 뉴스를 근절하기 위한 팩트 체크 방법에 대해 논의하고 이를 생활 속에서 실천할 수 있다.

수업 전개

차시	내용	수업 내용(학생 활동)	비고
1차시	문제 인식	· 코로나19로 인한 가짜 뉴스 문제 심각성 인식하기 · 우리 주변 속 가짜 뉴스 찾기	활동지
2차시	개념 학습	· 미디어 매체의 이해 · 뉴스 읽기 : 내 삶과 관련된 뉴스 찾기, 신문 기사 요약하기, 해시태그로 나타내기, 육하원칙으로 나타내기	활동지
3차시	탐구 활동	· 다양한 가짜 뉴스 찾기 · 정보를 무비판적으로 수용할 경우 생기는 일에 대해 토의하기	활동지
4차시	탐구 활동	· 팩트 체킹 방법 토의하기 · 팩트 체크 기준 정하기	활동지
5차시	실천적 활동	· 디지털 도구를 활용하여 가짜 뉴스 근절 포스터 제작하기	디지털 도구
6차시	평가 및 공유	· 가짜 뉴스 근절 포스터 발표하기 · 평가 활동 · 가짜 뉴스 근절 포스터 SNS 공유	디지털 도구
7~8차시	확장하기	· 뉴스 제작하기 · 보도 윤리 인식하기	교육 기부 연계

■ 1차시 : 문제의 핵심 쟁점 찾기

코로나로 인해 가짜 뉴스 문제가 심각해짐을 인식하고 우리 주변에서 어떤 뉴스가 가짜 뉴스인지 학생들과 찾아본다. 또한 가짜 뉴스의 심각성을 인식하기 위해 관동 대지진과 가짜 뉴스로 인한 인명 학살 문제에 대해 토의해 본다.

■ 2차시 : 미디어 속성 이해하기

여러 가지 뉴스 중에서 관심 있는 제목과 내 삶과 관련된 뉴스를 찾아보는 활동을 수행한다. 기사 요약하기, 해시태그로 나타내기, 육하원칙으로 나타내기, 신문에서 나의 삶과 관련된 뉴스 찾아보기 등의 활동으로 뉴스 매체의 속성을 이해하는 활동을 수행한다. 매체의 특성에 대해 학습한 후 가짜 뉴스 문제에 대해 이야기하며 학생들에게 가짜 뉴스에 대해 찾아보도록 한다.

뉴스 찾아보기　　　　뉴스 구성 요소 알아보기　　　　신문 기사 해시태그 달기

■ 3차시 : 가짜 뉴스 탐구하기

미디어의 대중적 속성과 인간의 모방심리를 이해하고, 가짜 뉴스에 의해 여론이 조성된다는 것을 이해하도록 한다. 지식채널「뉴스 문맹 1부, 정말 아무 뉴스나 다 믿는구나」를 시청하고 정보를 무비판적으로 수용할 경우 어떤 문제가 발생할지에 대해 짝과 토의해 본다.

미디어의 대중적 속성 이해 활동 자료

손으로 눈과 입을 막고 있는 것은 무엇을 의미할까?
팔에 적힌 단어들이 의미하는 것은?

미디어와 여론

■ 4차시 : 가짜 뉴스 판별 기준 탐구하기

　가짜 뉴스를 판별하기 위한 기준에 대해 각자 이야기한다. 이때 가짜 뉴스와 관련되는 실제 자료를 바탕으로 구체적인 근거를 들어서 자신의 생각을 이야기하도록 한다. 토의 결과를 바탕으로 모둠 내에서 팩트 체크를 위한 기준을 정리한다.

뉴스에 질문 던지기

미디어를 비판적으로 수용하기 – 팩트 체크

> ▶ 세가지 질문으로 팩트 체크 시작하기
>
> 　1) 누가 한 말이야?
> 　2) 그 사람이 그걸 어떻게 알지?
> 　3) 한쪽으로 치우친 내용 아니야?

팩트 체크하기

뉴스의 신뢰성을 검증하는 질문

> **(1) 해당 분야의 전문가가 뉴스를 만들었나요?**
> **(2) 뉴스를 제작한 사람은 직접 경험하거나 목격한 사람인가요?**
> **(3) 실명이 공개되어 있나요? 익명이라면 그 이유는 타당한가요?**
> **(4) 주장을 뒷받침하는 증거(데이터, 서류, 사진)가 있나요?**
> **(5) 뉴스 속 이슈가 사건 당사자와 개인적으로 이해관계를 가지고 있지는 않나요?**
> **(6) 한 가지 정보가 아닌, 둘 이상의 다른 정보가 동일한 주장을 담고 있나요?**

■ 5차시 : 가짜 뉴스 근절 포스터 제작하기

가짜 뉴스 근절을 위해 우리가 어떤 일을 할 수 있을지 발문한다. 그리고 실천적 과제로 가짜 뉴스를 근절하는 디지털 포스터를 제작하도록 한다. 이때 캔바, 미리캔버스와 같은 디지털 도구를 활용하여 포스터를 작성하면 좀 더 완성도 높은 포스터를 제작할 수 있을 뿐만 아니라 미디어 활용 능력 역시 높일 수 있다.

이는 미디어를 단순히 이해하고 비판적으로 사고하는 것에서 벗어나 실제로 활용하는 능력까지 나아갈 수 있다는 점에서 의미가 있다. 특히 디지털 도구를 활용한 포스터 제작 활동은 학생들이 가장 흥미 있게 참여할 수 있는 부분이다. 포스터 제작 과정에서 미디어를 비판적으로 수용하는 태도가 중요함을 학생들 스스로 인식하도록 한다.

포스터 제작 모습

학생 활동 결과물

■6차시 : 평가 및 공유

　각자 완성한 자료를 서로 공유한다. 발표가 끝나면 활동지를 통해 평가 활동을 실시한다. 또한 우수한 포스터는 인터넷이나 SNS로 공유하여 학생들의 실천 역량을 높이도록 한다.

■7~8차시 : 확장 활동

실제 뉴스를 제작해 봄으로써 보도자의 관점에서 보도 윤리를 인식하도록 한다. 또한 뉴스 제작을 통해 시청자 측면과 제작자 측면에서 각각 어떤 점에 유의해야 하는지 명확하게 인식하도록 한다.

뉴스 콘티 작성

뉴스 촬영하기

뉴스 제작하기

54 순우리말로 쓰는 우리들의 이야기

아름다운 순우리말을 알게 하고, 많이 사용해야 사라지지 않는다는 것을 일깨우기 위해 '순우리말로 쓰는 우리들의 이야기'라는 프로젝트 수업을 했다. 중학교 1학년 '우리말의 어휘' 단원 수업으로 우리말의 어휘 체계를 고유어, 한자어, 외래어로 나누어서 각 어휘들의 특성을 익히고 순우리말을 익히고 잘 활용할 수 있도록 디자인하였다.

울산 동평중학교 송정열 수석교사(국어)의 수업 사례로 '읽기-생각하기-쓰기-말하기-감상과 평가하기'의 5단계로 실시되었다. 학생들은 '으뜸과 버금', '사춘기 소년의 하루', '중학생 ○○의 흙수저 생활', '천진난만한 수학여행', '슬기로운 학교 생활' 등의 제목으로 실생활을 소재로 하여 순우리말로 재미있는 이야기를 만들었다.

학습 목표

1. 어휘의 체계를 알고 사라져 가는 순우리말 어휘의 뜻과 용례를 익힌다.
2. 순우리말 어휘를 적절히 사용하여 한 편의 완성된 글을 쓸 수 있다.

수업 전개

차시	단계	수업 내용(학생 활동)
1차시	읽기 및 토의하기	· 문제 상황 인지 및 해결 방안 토의 · 교과서 '우리말의 어휘' 읽고 내용 파악하기 · 순우리말이 사라지는 이유 토의하기
2차시	생각하기	· 순우리말로 쓰는 우리들의 이야기 스토리보드 작성하기
3차시	쓰기	· 순우리말을 잘 살려서 이야기 쓰기 · 색지에 정서하기
4차시		
5차시	말하기 감상과 평가	· 모둠별로 발표하기 · 감상과 평가하기

■ 1차시(읽기 및 토의) : 문제 상황 인지 및 해결 방법 토의하기

교과서 '우리말의 어휘' 단원을 읽으면서 내용을 파악한다. 어휘의 개념과 체계 파악하기, 순우리말, 한자어, 외래어 특성 알기, 우리말 다듬기를 통한 우리말 가꾸기 활동을 한다. 이후 '왜 순우리말이 사라지는가?'에 대해 토의하고, 토의 내용과 해결책을 발표한다.

■ 2차시(생각하기) : 스토리보드 작성하기

'순우리말로 쓰는 우리들의 이야기'의 수업 전개와 평가 방법을 안내

한다. 명사, 동사, 형용사, 부사 60개를 담은 순우리말 인쇄물을 제공하여 조건에 맞추어 이야기를 구성하는 스토리보드를 짜게 한다.

어휘 조건

- 순우리말 10개 이상 활용하여 이야기 만들기
- 명사, 동사, 형용사, 부사 중에서 순우리말을 1개 이상 사용하기
- 인물, 사건, 배경이 잘 드러나게 구성하기
- 최소 15문장 이상의 완전한 이야기로 구성하기

내용 조건

- 우리가 일상생활에서 겪을 법한 이야기로 구성하기
- 친구의 이름과 이야기를 쓸 때는 반드시 허락을 받고 쓰기

■ 3~4차시(쓰기) 순우리말을 잘 살려서 이야기를 구성하고 정서하기

낱말과 용례를 잘 살펴서 알맞은 주제로 이야기를 구성하고, 색지에 정서한다. 이야기 속의 순우리말은 형광펜으로 표시하고 각 낱말의 품사와 뜻을 다른 종이에 써서 짝을 이루도록 한다.

■ 5차시(말하기 및 평가) : 이야기 발표 및 감상과 평가하기

모둠별로 나와서 자기 모둠의 이야기를 실감 나게 읽으면서 발표한다. 발표가 끝난 모둠이 다음 모둠 발표를 동영상으로 촬영한다. 평가 항목을 미리 알려서 발표를 들으면서 모둠별 평가를 염두에 두고 감상할 수 있도록 안내한다. 각자 평가한 내용을 바탕으로 모둠원 전체의 의견을 수렴하여 다른 모둠을 평가한다. 모둠 전체에 대한 평가는 내용과 발표로 나누어 평가한다. 교사 평가를 더하여 마무리한다.

스토리보드 및 개인 평가지

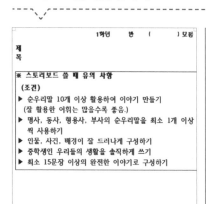

[왼쪽 양식]

1학년 반 ( ) 모둠

제목

※ 스토리보드 쓸 때 유의 사항

(조건)

▶ 순우리말 10개 이상 활용하여 이야기 만들기
  (잘 활용한 어휘는 많을수록 좋음.)
▶ 명사, 동사, 형용사, 부사의 순우리말을 최소 1개 이상
  씩 사용하기
▶ 인물, 사건, 배경이 잘 드러나게 구성하기
▶ 중학생인 우리들의 생활을 솔직하게 쓰기
▶ 최소 15문장 이상의 완전한 이야기로 구성하기

[오른쪽 양식]

모둠원 ( )

♠고운 우리말과 뜻♠

※ 스토리보드 쓸 때 유의 사항

▶ 고운 우리말과 뜻 부분에는 사용할 낱말만
  순서대로 써 두세요.

※ 개인 평가지 - 자신을 객관적으로 평가해 주세요.　( )모둠

평가기준 대상(번,이름)	활용한 순우리말의 뜻과 용례를 찾는 데 학습지를 열심히 탐구하였다.	모둠원들과 원활한 의사 소통을 위해 노력하였다.	이야기의 구성과 인물, 배경에 대해 의견을 제시하고 협력적인 자세로 활동하였다.	자신의 총평
	상 - 중 - 하	상 - 중 - 하	상 - 중 - 하	
	상 - 중 - 하	상 - 중 - 하	상 - 중 - 하	
	상 - 중 - 하	상 - 중 - 하	상 - 중 - 하	
	상 - 중 - 하	상 - 중 - 하	상 - 중 - 하	
	상 - 중 - 하	상 - 중 - 하	상 - 중 - 하	

스토리보드 작성하기

색지에 정서하기

발표하고 감상하기

상호 평가하기

학생들이 만든 순우리말 이야기

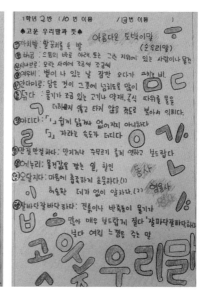

55 욕설, 비속어 추방 광고 제작하기

학생들의 욕설, 비속어 사용의 심각성을 학생들 스스로 인식하며, 올바른 언어생활의 중요성과 실천 의지를 내면화하여 바람직한 의사소통 문화 발전에 이바지하는 태도를 지니는 데 목적을 둔 프로젝트 수업이다. 울산광역시교육청에서 교사들의 프로젝트 수업 지원을 위해 제작한 자료집 『자신만만 프로젝트 수업』에 포함된 사례이다. '자신만만'은 '자기주도성 신장, 만족스러운 배움 만들어 가는'의 약자이다.

달천고등학교 국어과 최인호 선생님의 수업으로 광고인의 종류와 역할, 광고 제작 절차를 이해할 수 있다. 또한 광고 콘셉트와 창조적 아이디어 개발, 광고 기획서 작성 등을 통해 학생들의 다양한 탐구 활동이 돋보인다.

1. 욕설과 비속어를 사용하지 않는 올바른 언어 생활을 실천할 수 있다.
2. 광고의 목적을 효과적으로 달성하기 위한 설득력 있는 광고를 제작할 수 있다.

수업 전개

차시	과목	수업 내용(학생 활동)	평가 계획
1~2차시	국어	· 욕설 비속어의 개념과 사례, 문제점 찾기, 좋은 광고의 조건 발표	좋은 광고 조건 선정과 이유의 타당성에 대한 평가
	진로	· 광고인의 종류와 역할, 광고 제작 절차 이해, 광고인 역할 선택	
3 차시	국어	· 광고 제작에 필요한 기초 자료 수집 및 분석, 모둠 내 역할 분담	모둠별 자료 수집 및 토의 활동 과정 평가
4~5 차시	국어	· 광고 콘셉트, 창조적 아이디어 개발 · 광고 기획서 작성, 체크리스트를 통한 광고 기획서 점검	모둠별 광고 기획서 제작 과정 평가
6~7차시	국어	· 광고 기획서를 바탕으로 인쇄 광고물 제작 · 모둠별 광고 설명회 실시 및 광고 평가, 학급 최고의 광고 선정	모둠별 인쇄 광고물 제작 과정 및 발표 평가, 인쇄 광고물 평가
창체	창체	· 제작한 광고 활용 캠페인	

■ 1차시 : 프로젝트 수업 준비하기, 모둠별 주제 선정하기

프로젝트 수업 준비하기

- 프로젝트의 큰 주제 소개하기 : 욕설, 비속어를 추방하기 위한 광고 제작하기

- 모둠 구성하기

- 진로 역량을 키우는 욕설, 비속어 추방 광고 프로젝트에 대한 안내

모둠별 주제 선정하기

- 욕설, 비속어의 개념과 사례, 문제점 찾기

- 욕설과 비속어를 학교에서 추방해야 하는 이유 찾아 발표하기

- 좋은 광고의 조건을 조사하여 발표하기 : 최고 광고와 최악 광고 비교하여 발표

- 활동 되돌아보기 및 활동에 대한 짧은 소감 쓰기

■ 2차시 : 탐구 활동하기

활동 1 : 광고인의 종류와 역할 토의

- 광고 직업별 역할과 능력에 대한 모둠별 토의 활동

- 모둠 내에서 개인별로 광고인 역할 선택 : 광고 기획자, 시장조사 분석가, 아트디렉트, 카피라이터, 광고 디자이너

활동 2 : 광고가 제작되는 절차 및 학생 활동 안내

- 마케팅 전략 개발, 광고 전략의 수립 및 광고 제작, 집행, 평가(피드백)까지 실제 광고업계의 광고 제작 절차 안내

- 수업에 적합하게 재구성한 광고 제작의 절차와 활동 안내

■ 3차시 : 탐구 활동하기

활동 1 : 기초 자료 수집 및 분석 토의

- 사회 및 환경적 요인, 학교 구성원(광고 소비자) 내부적 요인 등의 자료 수집

활동 2 : 활동 되돌아보기 및 활동에 대한 짧은 소감 쓰기

■ 4~5차시 : 탐구 활동하기

활동 1 : 광고 콘셉트와 창조적 아이디어 개발

- 광고 제작에서 콘셉트와 창조적 아이디어의 역할과 중요성 이해

- 창조적 아이디어의 구현을 기반으로 광고의 콘셉트 설정

활동 2 : 광고 기획서 작성하기

- 광고 기획서의 개념과 목적

- 광고 기획서가 갖춰야 할 요소(기획 목적, 콘셉트, 개요, 진행 과정, 예산 등)

> **광고 기획서 작성하기**
> · 설득하는 글쓰기라는 국어 수업임을 강조하여 광고주와 소비자를 설득하는 목적을 달성해야 한다는 점 강조하기
> · 브레인스토밍을 통해 제시된 다양한 아이디어를 기반으로 광고의 콘셉트를 설정하도록 안내하기
> · 선정된 콘셉트에 맞는 광고 문구(카피), 디자인 등을 개별적으로 조사한 뒤 콘셉트에 맞게 재구성하여 광고 기획서 작성하기

활동 3 : 활동 되돌아보기 및 활동에 대한 짧은 소감 쓰기

프로젝트 중간 탐구 과정 발표 및 피드백

- 모둠별 탐구 과정에 대한 발표 및 상호 피드백을 통한 탐구 활동 점검과 보완

■ 6~7차시 : 산출물 제작하기, 산출물 발표 및 피드백

산출물 유형 결정

- 인쇄 광고(전지 크기). 인쇄물을 복도에 게시함으로써 학생들에게 효
과적으로 전달하여 욕설과 비속어 추방이라는 캠페인의 목적 달성

광고 제작을 위한 모둠 내 역할 분담

역할	세부 활동 내용
광고 디자이너	광고의 목적과 콘셉트에 맞게 적합한 그림이나 사진 이미지를 활용하여 디자인
카피라이터	소비자의 마음을 움직일 수 있도록 광고 문안(표제어, 부제어, 슬로건) 제작
아트디렉터	광고의 시각적 표현을 효과적으로 활용하여 광고의 목적이 광고에 잘 표현되도록 하기
광고 기획자	광고의 기획과 제작 과정에서 모둠원들의 협업을 유도하고 광고 콘셉트와 목적에 맞게 광고가 진행되는지 전체 내용을 조율

산출물 발표 및 피드백

- 모둠별 광고 프레젠테이션 실시 및 광고 평가 : 학생 상호 평가 및
교사 평가 실시

- 학급 최고의 광고 선정

활동 되돌아보기 및 짧은 소감 쓰기

■ 창의적 체험 활동 : 삶으로 연결하기

제작한 광고 활용 캠페인 활동

- 등교 시간, 학교 정문 및 건물 출입구에서 캠페인 실시

활동 되돌아보기 및 짧은 소감 쓰기

<평가> 교사 평가 및 동료 평가 실시

평가 과제	평가 요소	채점 기준
모둠별 활동 과정 평가	의사소통 능력 문제해결 능력 진로탐색 능력	모둠원들이 적극 참여했으며, 모둠원 역할을 책임 있게 수행했는가?
		모둠 활동에 필요한 정보를 수집하여 분석하고 정리·활용했는가?
		모둠 구성원 간 의사소통 및 협업을 원활히 하였는가?
		사회의 일원으로서 사회문제 해결에 적극적으로 참여하였는가?
광고 기획서, 인쇄 광고물, 프레젠테이션 평가	광고 제작 및 홍보(표현)	국어 교과 지식을 활용하여 만든 결과물의 완성도가 높은가?
		표현하는 메시지에 신뢰가 가는가?
		관객들의 주의를 끌고 흥미를 유발하는가?
		무엇을 말하는지가 명확하고 공감이 가는가?

산출물로 캠페인 활동

56 블렌디드 학생 주도
과학 탐구 실험 프로젝트

학생 스스로 과학 탐구 주제를 선정하고 실험 활동을 진행하여 과학적 탐구 경험을 체험하는 수업을 설계했다. 이를 실행하기 위해 '학생 주도 과학 탐구 실험'이라는 프로젝트 수업을 블렌디드(온라인+오프라인) 형식으로 실시했다. 울산중앙고등학교 조선화 선생님(화학) 수업 사례로 고등학교 1학년 과학탐구실험 과목의 '생활 속의 과학 탐구' 단원 수업으로 팀 주도 과학 탐구 활동을 온라인과 오프라인에서의 수업 활동 장점을 살려 디자인했다.

수업 진행은 '1. 탐구 주제 탐색 및 선정 - 팀 주도 탐구 활동 제안서 작성 / 2. 활동 계획 수립 - 팀 주도 탐구 활동 수행 / 3. 결과 보고서 작성 - 활동 소감 나누기 / 4. 평가하기'의 4단계로 실시되었다. 학생들은 '기후 변화 경향성 인포그래픽 제작하기', '역학 원리 및 현상을 다룬 실험 활동', '중화 반응으로 풍선 불기', '멘토스와 콜라와의 반응에 숨겨진 진실 탐구', '원소의 주기성을 표현한 창의적 주기율표 제작하기', '생활 속 계면활성제 뜯어보기' 등의 제목으로 실생활을 소재로 한 과학 탐구 활동 주제를 선정하여 팀 주도 탐구 활동을 진행하였다.

학습 목표

1. 과학 탐구와 실험을 통해 과학에 관한 흥미와 즐거움, 그리고 유용성을 확인할 수 있다.
2. 탐구 과정에서 자료의 수집과 분석, 결과 해석 능력을 기를 수 있으며, 이 과정에서 협력의 중요성을 이해할 수 있다.
3. 탐구 과정에서 준수해야 할 연구 윤리와 함께 안전의 중요성을 깨달을 수 있다.
4. 과학 탐구의 전 과정을 설계하고 수행할 수 있다.

수업 전개

차시	단계	수업 내용(학생 활동)
1차시	탐구 주제 탐색 및 선정	• 생활 속 문제에서 과학 탐구 활동 소재 탐색 • 생활 속 의문 상황 선택하기 • 탐구 주제 선정 및 재정의하기
2차시	팀 주도 탐구 활동 제안서 작성 및 활동 계획 수립하기	• 탐구 주제, 준비물 및 재료, 교과서 관련 단원 내용 연결 짓기, 가설 설정 및 변인 통제 등 팀 주도 탐구 활동 제안서 작성 및 발표하기 • 결과 보고서 작성 형식 공유 • 팀 주도 탐구 활동 순서 정하고 활동 계획 수립하기
3~8차시	팀 주도 탐구 활동 수행 및 결과 보고서 작성	• 팀 주도 탐구 활동 순서대로 탐구 활동 진행하기(총 6팀 진행) • 팀 주도 탐구 활동별 탐구 활동 결과 보고서 작성 및 발표
9차시	활동 소감 나누기 및 평가하기	• 모둠별로 팀 주도 탐구 활동 소감문 작성 및 발표하기 • 평가하기

■ 1차시 : 탐구 주제 탐색 및 선정하기

먼저 과학탐구실험 '생활 속 과학 탐구' 단원에서 제시하는 다양한 생활 속 과학 탐구 활동 과정을 이해한다. 생활 속 과학 현상이나 원리 이해를 바탕으로 탐구해 볼 수 있는 주제를 탐색한다. 기존 과학 교과서(『과학탐구실험』, 『통합과학』, 『과학(물리학, 화학, 생명과학, 지구과학) I 』) 단원 내용과 관련지을 수 있으며, 재료 준비나 탐구 수행 과정이 명확히 제시되는 주제를 선정하도록 지도하였다. 다음은 총 6팀의 팀 주도 탐구 활동 주제 선정 결과를 'Class123'이라는 도구를 활용하여 정리한 화면 공유 모습이다.

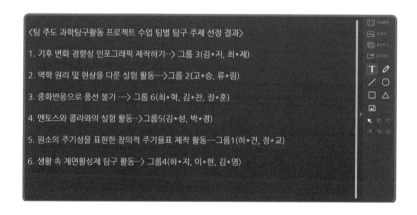

■ 2차시 : 팀 주도 탐구 활동 제안서 작성 및 활동 계획 수립하기

팀별로 선정한 탐구 활동을 진행하기 위해 필요한 내용들을 '팀 주도 탐구 활동 제안서'로 작성하여 구글 클래스룸으로 함께 공유할 수 있도록 하였다. 실제 학생들이 팀별로 작성한 '팀 주도 탐구 활동 제안서' 결과물을 제시하면 다음과 같다.

A팀	B팀

팀 주도 탐구활동 제안서

팀명:(그룹2   )

팀 구성원 이름:(고*승, 류*림   )

탐구 주제: 얼음의 녹은 정도를 통한 단열재 효율 비교

목표: 열역학 관련 탐구능력 기르기

핵심 키워드: 열역학, 단열(재), 열량(화학1)

준비물: 물, 얼음을 감쌀 만한 단열재(알루미늄 호일, 천, 솜), 얼음이 들어갈 만한 플라스틱 용기, 더 큰 플라스틱 용기, 계량 기구

탐구 과정: 1. 물 25ml를 얼린다.

2. 얼음을 단열재에 감싸 통에 넣는다.

3. (이중 구조 실험 조에만 해당)더 큰 통에 넣는다.

4. 일정 시간이 지나면 녹은 물을 계량 기구에 넣고 부피를 비교한다.

탐구 방법

-대조군(1개 조): 얼음을 상온에 방치한다.

-단일 구조(3개 조): 호일, 천, 솜을 감싼 얼음을 하나의 플라스틱 용기에 넣는다.

-이중 구조(3개 조): 호일, 천, 솜을 감싼 얼음을 플라스틱 용기에 넣은 후, 더 큰 플라스틱 용기에 넣는다.

탐구 활동 결과:

결과 산출을 제시: 사진 자료 또는 데이터 결과 표 등을 기입할 수 있도록 안내해주세요~! (예시를 제시해주는 것도 좋을 것 같아요.)

팀명	1	2	3	4	5	6	7
구조	단일/이중	단일/이중	단일/이중	단일/이중	단일/이중	단일/이중	단일/이중
단열재							
녹은 물 부피(mL)							

팀 주도 탐구 활동 제안서

팀명:(그룹4   )

팀 구성원 이름:(하*지, 이*현, 김*영)

탐구 주제: 생활 속 계면활성제

목표: 생활 속의 계면활성제의 작용 알아보기

준비물: 후추, 주방세제, 물감 또는 로션, 물, 그릇 2개

탐구 과정:

1. 물 위에 후추를 많이 뿌린다.

2. 소량의 로션을 물에 뿌려본다.

3. 주방세제에 손가락을 적시고 후추가 뿌려진 물에 담구어 본다.

탐구 활동 결과:

결과 산출을 제시: 사진 자료 또는 데이터 결과 표 등을 기입할 수 있도록 안내해주세요~! (예시를 제시해주는 것도 좋을 것 같습니다.)

예시

1. 로션

2. 주방세제

계면활성제 더 알아보기

계면활성제의 종류로는 비이온성, 음이온성, 양이온성, 양쪽성으로 총 4가지가 있다. 앞에서 한 주방세제를 이용한 실험은 음이온성 계면활성제와 관련된 실험이다.

그 외 3가지 계면활성제 중 하나에 대해서 더 알아보자.

(분자식, 이용되는 곳 등)

■ 3~8차시 : 팀 주도 탐구 활동 수행 및 결과 보고서 작성하기

팀별로 작성한 탐구 활동 제안서 내용을 바탕으로 순서를 정하여 팀 주도 과학 탐구 실험 활동을 진행하였다. 팀별로 1시간씩 팀 주도 탐구 활동을 수행하고 그 결과를 보고서로 작성하여 함께 공유하였다.

■ 9차시 : 활동 소감 나누기 및 평가하기

팀별로 나와서 자기 팀의 팀 주도 과학 탐구 활동 진행에 대한 소감을 작성하여 발표한다. 팀별 탐구 활동 결과물과 소감문 발표 내용을 토대로 상호 평가한다. 교사의 평가도 함께 반영된다. 학생들이 실제 작성

한 탐구 활동 결과 보고서를 제시하면 다음과 같다.

생활 속 계면활성제 탐구 활동 결과 보고서

[탐구 활동 결과 보고서]

이름:(김*영   )

1. 탐구 주제: 생활 속 계면활성제

2. 준비물: 후추, 동일한 그릇 2개, 주방세제, 물감 또는 로션, 물

3. 탐구 과정:

가설: 주방세제가 묻은 손가락을 물에 담구었을 때 후추가
손가락에서 더 멀어진다.

종속변인: 후추가 흩어지는 정도
통제변인: 그릇의 크기, 물의 온도, 물의 양
독립변인: 주방세제를 넣는지, 로션을 넣는지

4. 실험 결과:

5. 결론 및 실험 활동 후 알게 된 내용 정리:

계면활성제는 물과 기름이 서로 섞이지 않은 경계면에서 활동할 수
있고 계면활성제는 물의 표면장력을 약하게 만듦으로써
세제가 물에 닿이자마자 후추가 세제로부터 멀리 이동할 것을 볼 수
있다.

중화 반응을 이용한 풍선 불기 탐구 활동 결과 보고서

[탐구 활동 결과 보고서]

이름:(이*현   )

1. 탐구 주제: 중화반응을 이용한 풍선 불기

2. 준비물: 식초, 베이킹 소다, 풍선, 계량컵 등

3. 가설 설정: 식초에 베이킹소다를 넣으면 풍선이 부풀어
오를것이다.

4. 탐구과정:

종속 변인, 독립 변인 등 같은 변인 통제를 설정한 후 탐구 과정을 작성해주세요~!
독립변인-통제변인: 온도, 식초와 베이킹소다의 양
       -조작변인 : 대조실험X
종속변인 : 풍선의 변화

5.실험결과

1. 풍선에 베이킹 소다를 5스푼 넣는다.
2. 페트병에 식초 100ml를 넣는다.
3. 페트병 입구를 풍선으로 막는다.

6.풍선을 세운 후 풍선의 변화를 관찰한다.

결론
; 반응으로 생긴 이산화 탄소 기체에 의해 풍선이 부풀러진다.

알게된 내용
; 산과 염기가 반응하면 중화반응에 의해 물이 생성된다.
우리가 실험한 반응은 물과 함께 이산화탄소 기체도 생성되어
풍선이 부풀어 오르게 된다.

57 통합적 관점으로 자기 성찰하기

　교과 내용을 배운 후 이를 자기 삶과 연결하여 성찰 기회로 삼는 활동
이다. 고등학교 1학년 통합사회 과목 1단원에서 가장 먼저 배우는 내용
이 '인간, 사회, 환경의 탐구와 통합적 관점'이다. 천재교육 교과서에서
는 이를 위해 '커피를 통해 살펴보는 다양한 관점'을 통해 설명하고 창의
융합 활동으로 '통합적 관점으로 기후 변화 살펴보기'를 제시한다.

　필자는 이러한 통합적 관점을 자기 성찰하기와 연결한 수업을 진행
하였다. 이 수업의 특징은 교과서 진도대로 2차시를 진행한 후, 3차시
에서 배운 내용을 자기 성찰과 연결함으로써 자연스럽게 지식을 삶과
연결하게 했다는 점이다. 인포그래픽, 마인드맵 등으로 다양하게 자신
을 표현하게 했다.

　1, 2차시 수업에서는 4가지 관점 탐색 이후 질문 하브루타를 실시하
였다. 3차시는 시간, 공간, 사회, 윤리적 관점을 자신의 삶과 연결하는
활동을 했다. 산출물 뒷면에 활동을 통해 배우고 느낀 점을 따로 적게
하였다.

학습 목표

1. 시간, 공간, 사회, 윤리 관점의 특징을 이해하고 인간, 사회, 환경의 탐구에 통합적 관점이 필요한 이유를 파악할 수 있다.
2. 시간, 공간, 사회, 윤리 관점에서 자신을 성찰할 수 있다.

■ 1차시 : 커피를 통해 살펴보는 다양한 관점

시간적 관점	커피가 세계적인 음료가 된 시대적 배경
공간적 관점	커피 생산국과 수입국의 지리적 특성
사회적 관점	커피 선호도에 영향을 미치는 사회 구조
윤리적 관점	도덕적 가치 실현 : 공정무역

■ 2차시 : 통합적 관점으로 기후 변화 살펴보기

시간적 관점	기후 변화의 원인 : 산업혁명 이후 온실가스 배출량 증가
공간적 관점	기후 변화에 따른 지역별 영향 : 빙하 감소와 해수면 상승, 해안 지대 침수
사회적 관점	기후 변화 문제 해결하려는 국제적 노력 : 교토의정서, 파리협정
윤리적 관점	기후 변화의 책임 : 선진국과 현재 세대

■ 3차시 : 통합적 관점으로 '나' 성찰하기

시간적 관점	살면서 의미 있는 일이 있었던 나이나 시기, 터닝 포인트 시기 등
공간적 관점	삶의 공간 : 집, 가정, 학교, 지역 사회 등과 자신의 삶 연결하기
사회적 관점	자신의 삶에 영향을 준 인간관계 : 부모, 선생님, 친구 등
윤리적 관점	가치 있게 생각하는 덕목과 실천 사례, 선행 실천 사례 등

통합적 관점으로 자기 성찰하기 산출물

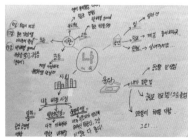

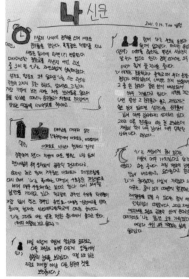

다음은 활동을 통해 학생이 적은 배우고 느낀 점 사례이다.

통합사회 수업 시간에 배운 내용을 나에게 적용하는 활동을 하면서 나를 되돌아보는 시간이 되었다. 시간적 관점을 쓸 때는 '아! 이렇게 했지.'라는 생각을 하면서 나에게 의미 있었던 시간과 경험을 떠올리게 되어서 좋았다. 공간점 관점을 쓸 때에도 나에게 의미 있는 공간들을 생각하면서 정말 많은 활동을 집에서 하는 것을 알게 되었고, 학교와 학급이라는 공간도 다시 한 번 생각하게 되었다. 사회적 관점에서 나에게 영향을 준 다양한 인간관계를 생각해 보며 가족의 소중함을 깨달았고, 윤리적 관점에서 나의 최종 목표인 '선한 영향력을 펼치는 사람'이 되기 위한 행동들을 생각해 볼 수 있었다. 무엇보다 교과서에서 배운 내용을 활용하여 이런 활동을 한다는 것이 놀랍다. 덕분에 교과서 내용을 다시 한 번 더 훑게 되었다. 나중에 내가 교사가 된다면 학생들에게 교과서를 활용한 활동을 많이 해줄 것 같다.

58 노 임팩트 맨 프로젝트

다큐멘터리 영화 「노임팩트 맨(No Impact Man)」을 보고, 1주일 동안 환경 친화적인 생활을 실천하는 프로젝트이다. 환경을 지키기 위한 한 가족의 도전과 여러 에피소드를 통해 환경에 대한 경각심을 준다.

영화에서 콜린 가족은 쓰레기 만들지 않기, 재활용품 사용하기, 자전거를 타거나 도보로 다니기, 내가 사는 지역에서 생산한 식료품 사 먹기, 필요 이상으로 소비하지 않기, 전기 끄기, 일회용 기저귀 사용하지 않기, 환경 단체 활동을 통해 사회에 도움 주기 등을 실천한다. 환경이나 기후와 관련 있는 다양한 교과에서 적용할 수 있다. 실천 모습을 사진으로 찍어 사진전을 개최할 수도 있다.

수업 전개	
차시	**수업 내용(학생 활동)**
1차시	· 「No Impact Man」 유튜브 보기(10분 분량 요약분) · 영화 보면서 활동지에 콜린 가족의 실천 사례 적기 · 영화 보면서 질문 만들기 하브루타 · 프로젝트 과제 제시(매일 1가지씩 실천하기)
2차시	· 프로젝트 보고서 작성하기(실천 사례, 배우고 느낀 점) · 모둠에서 발표하기 · 전체 발표하기(모둠별 1명)

노 임팩트 맨 프로젝트 활동지

No Impact Man 프로젝트 반 번 이름		
순서	날짜	실천 내용
1일차	월 일	
2일차	월 일	
3일차	월 일	
4일차	월 일	
5일차	월 일	
6일차	월 일	
7일차	월 일	
가장 힘들었던 점		
배우고 느낀 점		
앞으로 계속 실천할 내용		

59 누구에게 투표할 것인가?

철학적 탐구공동체 수업모형으로 프로젝트 수업을 한 사례이다. 고헌중학교 정창규(도덕) 교사의 수업으로 동학년 사회 교사와 협업한 교과 융합 수업이다. 단원명은 '비판적 사고는 어떻게 하는가?'이고, 성취기준으로 '국회의원 선거를 맞이하여 후보자 선발에 대한 자신의 판단이 합당한지 비판적 사고를 통해 검토하고 다른 친구들과 철학적 탐구를 통해 더 나은 판단 기준을 형성할 수 있다.'를 제시한다.

차시	과목	수업 내용(학생 활동)
1차시	사회	선거의 기능과 기본 원칙
2차시	도덕	국회의원 지지 기준 탐색
3차시	도덕	철학적 탐구와 에세이

■ 1차시

선거의 의미와 기능을 찾아보게 한다. 그리고 차티스트 운동을 통해 민주 선거의 기본 원칙이 무엇이며 왜 중요한지 알게 한다.

■ 2차시

중앙선거관리위원회, '제7회 전국동시지방선거 유권자 의식 조사'에서 국민들이 후보를 선택할 때 고려하는 것들의 빈칸을 찾아본다. 그리고 이탈리아 정치학자인 모리치오 비롤리가 쓴 『누구를 뽑아야 하는가?』에 소개된 민주공화국을 위한 마키아벨리의 투표 강령 20개를 살펴보고 타당한 것과 그렇지 않은 것을 함께 분류해 본다. 투표 강령의 논리적 오류(형식적, 비형식적)를 활동지에서 찾아보고, 개인 질문을 만든다.

■ 3차시

학생들이 만든 질문을 발표한 다음 가장 많은 지지를 얻은 질문으로 탐구 활동을 한다. 탐구가 끝나면 자신의 생각을 성찰적 글쓰기로 정리한다.

정창규 교사는 수업 의도를 다음과 같이 밝힌다.

인간의 삶은 끝이 없는 판단의 연속이다. 하지만 대부분 이러한 판단은 습관적으로 이루어진다. 이번 수업에서는 일상적인 판단이 아니라 심사숙고해야 하는 판단의 구체적인 사례(선거)를 통해 추론 능력과 비판적 사고 능력을 향상시키려고 한다.

선거의 기능과 민주 선거의 원칙 등은 사회과와의 연계 수업을 통해 학생들에게 전달한다. 이어지는 본 수업에서는 보다 본질적인 부분을 다루게 된다. 실제 선거에서 가장 핵심적인 부분은 바로 '어떤 기준으로 누구를 지지할 것인가'이다. 본 수업에서는 민주시민의 삶에서 중요한 판단 가운데 하나인 선거를 통해 합리적인 판단이란 무엇이며 어떤 기준으로 내려야 하는지를 철학적 탐구를 통해 서로 배울 수 있도록 안내하고자 한다.

울산외국어고등학교 김기현 선생님은 정치와 법 수업에서 '일꾼 구청장 뽑기 프로젝트' 수업을 실시했다. 2021년 4월에 실시된 울산광역시 남구청장 보궐 선거를 앞두고 실시한 수업 사례이다. 교사는 수업 의도로 "선정 기준의 합리적 논의 과정이 정치적으로 성숙한 민주시민을 만들 수 있을 것이라는 생각에서 설계했다."라고 밝혔다. 고3 교실에서 이루어진 수업으로 실제 유권자가 있어서 더욱 의미 있고 흥미 있는 수업이 이루어졌다.

차시	수업 내용(학생 활동)
1차시	• 사회 교과실에 선거 공보 책자, 주요 공약 자료 제시 (선관위 홈피에서 다운로드) • 모둠에서 선정 기준 탐색하기 • 모둠별 지지 후보 정하기 • 발표 자료 만들기 : 후보 선정 기준과 정책 정리
2차시	• 발표 자료 완성 : 모둠별 발표

필자는 통합사회 과목의 '공동체의 권리와 의무' 단원에서 '의무 투표제를 시행해야 하는가?'를 주제로 토론과 글쓰기 수업을 한다. 민주주의의 꽃은 선거이고, 이를 꽃피우는 것은 시민 참여이다.

아리스토텔레스는 '정치는 공동선을 고민하고, 판단력을 기르며, 시민 자치에 참여하고, 공동체 전체의 운명을 보살피게 하는 것'이라고 주장한다. 따라서 정치 참여를 좋은 삶의 필수 요소로 꼽았다.

학생들은 이러한 수업을 통해 책을 읽고 질문을 만들며, 토론과 성찰적 글쓰기 활동을 한다. 그 과정에서 선거의 의미와 원칙을 배우고, 민주 시민의식을 키울 수 있다.

일꾼 구청장 뽑기 프로젝트 산출물

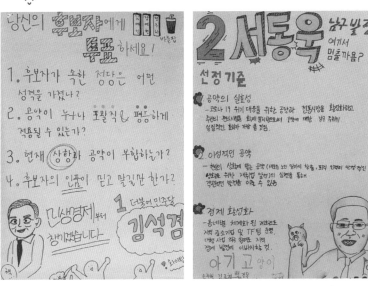

『허생전』은 1700년대 후반에 박지원이 쓴 한문 소설로 실학 사상을 포함하며, 백성들의 생활을 안정시키기 위해서는 상업과 공업을 발전시켜야 한다는 주장을 펼치고 있다. 단편 소설이라 수업 시간에 다루기 쉽고, 다양하게 패러디해서 표현하는 과정에서 학생들의 상상력과 창의력을 높일 수 있다.

『허생전』의 내용을 바탕으로 6개의 모둠에서 연극, 모의재판, 신문, 그림, 노래, 프레젠테이션으로 표현하는 프로젝트를 부여한 뒤 줄거리와 등장인물을 토대로 5분 내외로 발표하게 했다. 국어과 김정민 교사의 수업이며, 『얘들아! 하브루타로 수업하자』에서 발췌했다.

수업 전개

차시	구분	수업 내용(학생 활동)
1차시	읽기 및 강의	작품을 읽고 핵심 내용 강의, 역할 분담
2차시	준비	자료 조사, 시나리오 작성, 역할 선정, 교사의 피드백
3차시	연습	발표 준비 및 연습
4차시	발표 및 평가	모둠별 패러디 내용 발표, 교사 평가 및 동료 평가
5차시	쓰기	비평문 쓰기

■ 1차시

『허생전』 전문을 학생들이 읽게 한다. 교사는 강의를 통해 소설에 작가의 실학 사상이 어떻게 담겼는지를 이해시킨다. 이후 모둠별로 맡을 역할을 정한다.

■ 2차시

모둠별로 자유롭게 자료를 조사한다. 필요한 경우 각자의 역할을 정하고 시나리오를 만든다. 교사는 모둠을 순회하며 적절히 피드백한다.

■ 3차시

각 모둠별로 맡은 역할을 수행하기 위해 발표 준비를 하거나 연습을 한다.

■ 4차시

6개의 모둠에서 연극, 모의재판, 신문, 그림, 노래, 프레젠테이션으로 발표한다. 발표 과정에 교사 평가 및 동료 평가를 실시한다.

■ 5차시

비평문을 쓰게 한다. 허생의 행동 중에서 비평하고 싶은 부분을 찾아보고, 자신이 지향하는 삶의 가치가 잘 드러나도록『허생전』에 대한 비평문 쓰기를 한다.

평가지

평가 항목	모의 재판	신문 만들기	그림 그리기	연극 하기	노래 하기	프레젠 테이션
구성원 참여도(5)						
내용의 충실성(5)						
표현의 창의성(5)						
발표 태도(5)						
합계(20)						

허생전 패러디 활동 모습

모의재판

신문 만들기

그림 그리기

노래 가사 바꾸기

61 탐구 보고서 쓰기

보고서 쓰기는 주제를 자유롭게 정할 수 있다는 점에서 가장 자기주도적인 탐구 활동이다. 주제 선정 과정에서 진로와 관련하거나, 가장 흥미 있는 소재를 학생들이 정하게 한다. 물론 주제는 반드시 교과와 관련 있어야 한다. 주제를 정하기 위해 교과서를 훑어보는 과정에서 자연스럽게 자기와 연결할 주제를 찾게 되고, 이에 대한 탐구 활동은 지식과 삶을 연결한다.

보고서 활동은 생활기록부에도 기재할 수 있다. 필자가 교육부에서 운영하는 '학교생활기록부 종합 지원 포털' 사이트에서 확인한 결과 '수업 중 연구보고서 작성 가능한 과목을 탐구나 연구 과목으로 제한 관련 문의'라는 질의가 있었다. 다음 답변을 통해 수업에서 이루어지는 보고서 쓰기 활동은 생활기록부에 작성할 수 있음을 알 수 있다.

학교생활기록부 서술형 항목은 교사가 직접 관찰 평가한 내용을 근거로 입력하며, 학교 교육 계획에 따라 실시한 교육활동 중 교사 지도하에 학생이 직접 작성한 자료는 활용할 수 있다고 명시되어 있습니다. 이에 따라 교과 수업 시간에 교사가 직접 관찰·평가하고, 교사 지도하에 학생이 직접 작성한 보고서일 경우 수행평가 결과물로서 학교생활기록부 기재 시 활용 가능하며 '보고서'라는 단어도 기재 가능함을 안내하여 드립니다.

필자는 보고서를 수행평가에 반영할 경우, 내용으로 점수를 구분하지 않고 분량과 보고서 양식에 맞게 작성했는지 여부만 판단한다. 단, 보고서를 보면 인터넷을 보고 그대로 베끼거나 짜깁기한 것은 금방 알 수 있다. 이에 대해 주의를 시키고, 미리 학생들에게 반드시 교과 내용을 포함하여 작성하도록 지도한다.

필자는 생활과 윤리 수업에서 2학기 중간고사 이후 이 활동을 한다. 왜냐하면 8개월 정도 수업을 배운 상태이므로 이제까지 배운 내용 중에서 스스로 주제를 정하고, 다양한 방법으로 탐구하는 과정에서 지식을 심화할 수 있기 때문이다. 컴퓨터실에서 2시간 동안 실시한다. 분량은 3~5페이지가 적당하며, 보고서에는 반드시 다음 내용을 포함하게 한다. 그리고 완성한 보고서는 교사의 이메일로 보내게 한다.

■ 주제 선정 이유

흥미 있거나, 진로 관련 내용을 정한다.

■ 내용

3개 정도의 목차를 정한다. 미리 개요를 정하는 것이 효과적이다. 교과서의 이론이나 지식을 포함하도록 한다. 인용문의 경우 반드시 출처를 밝힌다.

■ 배우고 느낀 점

탐구 활동 과정에서 배우고 느낀 점을 적는다. 성장, 진로 관련, 지식의 확장 등이 바람직하다. 이를 활용하여 세부능력과 특기사항에 기록할 수 있다.

필자는 독서 보고서 활동을 하기도 한다. 이때는 학교 도서관에서 2

시간 정도 실시한다. 학생은 첫 시간 이후 책을 빌려서 읽을 수 있고, 시간이 모자라면 1~2장(chapter)만으로 작성하게 한다. 독서 보고서는 다음 내용을 포함하게 한다.

- 책 제목과 관련 단원
- 책 선정 이유
- 질문 3개 만들고 생각 적기
- 친구에게 책 소개하기
- 배우고 느낀 점

다음은 필자가 인근 학교 학생들과 공동교육과정의 거점 수업에서 보고서를 쓰게 한 사례이다. 과목은 사회과제연구이다. 4~5개 학교의 학생들이 참여하며 학생 수는 15명 내외이다. 총 34시간이며 매주 수요일 방과 후에 3시간가량 진행한다.

수업은 마이클 샌델의 『정의란 무엇인가』에 나오는 다양한 사회 문제에 관해 토론과 논술문을 작성하고, 자신의 진로와 흥미에 맞는 주제를 정해서 보고서 쓰기 활동을 한다. 매 수업에서 1~2차시는 주제에 대한 강의와 자료 제시, 하브루타 토론 등으로 근거 만들기, 논술 쓰기를 하고, 3차시는 탐구보고서를 작성한다. 교실과 컴퓨터실을 오가며 수업을 진행한다.

첫째 날은 보고서 쓰는 방법을 안내한다. 이후 학생들은 자신의 진로와 흥미를 고려하여 보고서 주제를 정하고 탐구보고서 계획서를 작성한다. 탐구보고서 계획서에는 주제와 선정 이유, 주제에 관한 질문 만들기, 주요 목차 및 내용을 포함한다.

둘째 날에는 각자 계획서를 발표한다. 이때 나머지 학생들은 발표를 들으면서 포스트잇에 질문 1가지를 적는다. 발표 후 포스트잇을 칠판에 붙이면 발표자는 질문 하나하나에 관해 설명한다. 이 질문을 통해 발표자는 자신이 미처 생각하지 못한 아이디어를 얻는 경우가 많다.

다음은『울산광역매일신문』에 보도된 기사이다.

신선여자고등학교 거점형 공동교육과정 사회과제연구반은 한 학기 수업을 마치고 '사회과제연구 탐구보고서'를 발간했다. '사회과제연구 탐구보고서'는 사회과제연구 수업에 참여한 17명의 학생이 자신이 관심 있는 영역의 주제를 선정하여 문헌 조사, 인터뷰, 설문 조사, 인터넷 검색 등의 다양한 방법으로 탐구하여 작성한 보고서이다.

수업에 참여한 신선여고 2학년 오○○ 학생은 '사교육이 학업 성적에 미치는 영향에 대한 연구'를 위해 급우들에게 학원에 다닌 기간, 과목 및 성적 변화 등을 설문 조사하여 학원이 성적에 미치는 영향을 조사하여 보고서를 작성했다. 대현고 2학년 최○○ 학생은 최근 이슈가 되고 있는 '공유 경제의 정의성과 사회에 미치는 영향 연구'를 위해 공유 기업의 사례를 조사한 후 장단점을 분석했다. 또한 성광여고 2학년 안○○ 학생은 '청소년 비행 요인과 올바른 선도를 위한 연구'에서 실제 비행 청소년의 재판 경험이 있는 현직 판사와의 인터뷰 내용을 담기도 했다.

신선여고 김○○ 학생은 "토론과 논술 수업 과정에서 어떤 삶을 살아야 하는지, 왜 정의를 추구해야 하는지를 고민할 수 있어 좋았으며, 다양한 답을 찾는 활동을 통해 생각의 폭이 넓어졌다. 특히 탐구보고서를 작성하는 과정이 처음에는 힘들었지만, 보고서를 완성하니 뿌듯하다."라는 소감을 남겼다.

수업을 진행한 이성일 수석교사는 "학생들이 정해진 수업 내용을 듣기만 해서는 4차 산업혁명 시대가 요구하는 창의 융합형 인간이 될 수 없다. 자신이 원하는 과목을 선택하고 토론과 보고서를 쓰는 활동 등을 통해 즐겁게 진로를 탐색하고 설계하면서 진로 개척 역량을 키울 수 있다."라고 말했다.

사회과제연구 <탐구보고서> 계획서

성명	학성고등학교 2학년 조○○
탐구 주제	사회 취약 계층이 겪고 있는 폭염의 현실과 이를 해결하기 위한 대응 방안 모색
주제 선정 이유	영어 시간에 질소 발자국에 대한 소개와 질소 발자국을 줄이기 위해 우리가 해야 할 일에 대한 환경 관련 보고서를 작성한 적이 있었습니다. 이후 환경 문제에 대해 더 관심을 가지게 되었고, 나아가서 환경 문제가 심각해졌을 때 우리 삶에 어떤 영향을 미치게 될지 그리고 이에 대비하기 위해서는 국가적으로 어떤 대응 방안이 필요할지 고민하게 되어 본 주제를 선정하게 되었습니다.
주제에 질문 만들기	Q1. 재난의 정의 또는 범위를 어디까지 확장해야 할까요? Q2. 미세먼지, 폭염, 한파로 인한 피해도 재난으로 다루어야 할까요? Q3. 환경오염, 기후 변화로 인한 구체적인 피해는 어떤 예시가 있나요? Q4. 재난에 대한 정의가 새로 정립된다면 재난에 대응하는 방법도 달라져야 할 것 같습니다. 우리가 할 수 있는 대응은 무엇일까요?
목차 또는 주요 내용	▶ 미세먼지, 기후 변화로 인한 폭염과 한파의 반복적인 발생으로 정부의 재난 대응 방식에 대한 전환이 요구됨을 소개 ▶ 전통적인 재난 개념 정리와 미래 재난에 대응하기 위해 재난에 대한 개념의 재정립 필요성 정리 ▶ 미세먼지, 폭염, 한파에 대해 경제적, 사회적, 자연과학적 접근을 통해 자세한 내용 정리 ▶ 미래 재난을 위한 대응 방안 정리

62 영화 매개 융합 수업 - 동주

　윤동주의 일생을 다룬 영화 「동주」를 매개로 한 교과 간 융합 프로젝트 수업 사례이다. 영화는 문학, 음악, 미술 등이 총 결합한 종합 예술이다. 학생들의 흥미와 관심을 끌어내는 좋은 수업 소재가 될 수 있다. 「동주」 영화를 미리 시청하게 한 후, 방과 후 심화수업으로 과목별로 2시간씩 진행했다. 한국사는 역사 일기 쓰기, 윤리는 토론과 논술, 사회는 질문으로 500자 글쓰기의 활동을 한 후 최종적으로 국어 시간에 영화 감상문 쓰기를 했다.

차시	과목	수업 내용(학생 활동)
1차시	한국사	• 식민지 문학인의 삶과 독립운동 • 일제 강점기 배경의 역사 일기 쓰기
2차시	윤리	• 인체 실험의 윤리적 쟁점 • 토론과 논술 : 조상들의 잘못에 후손들이 사과해야 하는가?
3차시	사회	• 동주와 몽규의 저항 방식은 어떻게 다른가? • 역사 속 저항의 모습(프랑스 혁명, 촛불 집회) • 질문으로 500자 글쓰기
4차시	국어	• 영화 감상문 쓰기

■ 1차시 : 한국사

　윤동주의 삶과 역사적 배경을 이해하기 위하여 윤동주의 출생부터 주요 활동을 연대기 형식으로 소개한다. 학습지를 통해 역사적 사실과 사진 등을 소개한다. 그리고 이육사, 심훈, 서정주, 이광수, 방정환, 정지용 등 일제 강점기 문학인들의 삶을 조명한다. 이후 일제 강점기 당시 살았던 사람들의 삶을 상상하며 역사 일기를 쓰게 한다. 일기의 밑바탕으로 주인공의 상황과 주요 사건을 만들고, 역사적 사실을 바탕으로 상상력을 발휘하게 했다.

■ 2차시 : 윤리

　윤동주는 일본 인체 실험의 희생자이다. 수업에서 윤동주의 인체 실험을 다룬 SBS 「그것이 알고 싶다」를 편집해서 10분 분량으로 보여 준다. 이를 시청한 후 질문을 만들어 모둠별로 토론하고 발표한다. 그리고 『십대를 위한 정의란 무엇인가?』에서 '조상들의 잘못에 후손들이 사과해야 하는가?' 편을 읽은 후, 도덕적 개인주의와 공동체주의 관점에서 입장이 다를 수 있음을 파악하고, 개인별 논술문을 작성한다.

■ 3차시 : 사회

　영화에 나타난 동주와 몽규의 다른 저항 방식을 분석한다. 역사 속 대표적인 저항 모습으로 프랑스 혁명과 촛불 집회를 소개한다. 질문을 만들고, 대표 질문으로 500자 글쓰기를 한다.

■ 4차시 : 국어

　영화 감상문 쓰는 방법을 안내한 후 감상문을 쓴다.

63 나는야 창업 CEO

우리나라 청년들은 창업보다 취업을 선호하는 경향이 있다. 그래서 원하는 직장을 얻지 못한 사람이 창업을 한다는 편견이 있다. 하지만 유대인들은 대부분 창업을 선호한다. 스타트업 창업 비율이 가장 높은 나라가 이스라엘이다. 그들은 구글에 입사해서도 늘 창업을 꿈꾼다.

이제 우리나라도 학교에서 창업에 대한 마인드를 갖게 할 필요가 있다. 실제 과거에 비해 청년들의 창업 활동이 활발하다. 정부와 지자체 차원에서도 창업 컨설팅과 자금 지원 등이 이루어지고 있다. 울산여자상업고등학교에서 청년 창업에 대한 실무 지식을 익히고, 창업 전반 과정에 대한 이해도를 높이기 위해 교내 모의 창업 프로젝트 수업을 실시했다.

실용국어(김혜영 선생님), 사무관리(강문선 선생님), 상업경제(오경진 선생님), 세무일반(손미라 선생님) 과목의 융합 프로젝트 수업이다. 학생 모의 창업 물품 판매를 위한 오픈마켓을 운영했으며, 수익금 운영 결과 보고서를 작성해서 행사비를 제외하고는 유니세프 등 자선단체에 기부했다. 일반 학교에서도 자유학년제나 국어, 사회, 수학 교과 등의 융합 수업으로 얼마든지 가능하다.

1. 졸업 후 창업을 할 수 있도록 창업 과정과 절차를 익힌다.
2. 프로젝트 수행 과정에서 의사소통 역량과 공동체 역량을 키운다.

과목별 성취 기준

실용국어

· 정보에 담긴 의도를 추론하고 비판적으로 평가한다.
· 의사 결정 과정에 참여하여 합리적 방안을 탐색한다.
· 타당한 근거를 들어 주장을 설득력 있게 표현한다.

사무관리

· 창업에 필요한 정보를 온라인에서 비판적으로 탐색할 수 있다.
· 창업과 관련된 문서를 응용 프로그램을 이용하여 작성할 수 있다.

상업경제

· 모의 창업을 통해 창업 마인드를 키운다.
· 매매 활동을 통해 나만의 마케팅 전략을 적용할 수 있다.

세무일반

· 비영리 기업의 세금 처리 방법을 학습한다.
· 고객의 성향 및 소비자 행동을 분석한 물품 홍보 방법을 학습한다.

모둠별 모의 창업 주제

팀명	모의 창업 주제
베어브릭 방향제	곰 인형 방향제 판매
방구석 카페	방에서 카페처럼 만들어 마시는 티백 판매
고양이 마스크	마스크와 관련된 물품을 묶어 세트 판매
비즈 만들기	비즈와 직접 즐기는 비즈 재료 판매

수업 전개

- 전체 12차시를 교과별 3차시로 나누어 편성

차시	해당 교과	수업 내용(학생 활동)	비고
1	실용국어	· 창업의 개념 / 창업 정신 · 존경하는 기업가 탐구	도서실
2	실용국어	· 창업 주제 선정	도서실
3	상업경제	· 사업 계획서 개요 작성	사업 계획서 양식 배부
4	상업경제 사무관리	· 사회적 니즈 분석(SWOT) · PMI기법	팀별 활동
5	세무일반	· 법인세 및 종합소득세 신고 및 납부 방법	
6	상업경제	· 창업 물품 선정 · 물품 디자인/제조법 연구	
7	사무관리	· 함수를 이용한 견적서 작성	엑셀 활용
8	사무관리 세무일반	· 물품 단가 책정 · 예상 수익 계산	실제 물품 구입
9	세무일반 실용국어	· 마케팅과 광고 · 홍보지 제작	홈페이지 홍보
10	전교과	· 물품 제조 및 판매	11월 23~25일
11	사무관리	· 실제 손익 계산 · 수익금 기부	12월
12	전교과	· 프로젝트 평가/환류	12월

■ 1차시(실용국어) : 창업 개념, 창업 정신, 존경하는 기업가 탐구

- 최근 핫한 창업 이야기를 다룬 동영상 시청

- 존경하는 국내외 기업가 탐구 및 참고 도서 읽기

- 기업가 탐구 내용 정리, 요약
- 팀별 탐구 내용 발표

■ 2차시(실용국어) : 창업 주제 선정
- 창업의 개념, 창업의 이유 정리
- 창의적 창업 아이템 찾기
- 지역성을 가질 수 있는 아이템 추천
- 창업 정신, 창업 목표, 사훈 쓰기, 명함 만들기
- 팀별 대표 발표

■ 3차시(상업경제) : 사업 계획서 개요 작성
- 창업을 성공적으로 하기 위한 전략을 수립한다.
- 만든 전략을 다른 팀들에게 발표한다.
- 서로의 전략을 비교하고 보완한다.

■ 4차시(상업경제, 사무관리) : 사회적 니즈 분석(SWOT), PMI 기법
- 최근 떠오르고 있는 사회적 이슈를 찾아본다.
- 찾은 이슈와 선정한 사업과의 관계를 분석한다.
- 사업 주제의 장점과 단점을 분석한다.
- 사업 주제의 흥미로운 점을 분석한다.

■ 5차시(세무일반) : 법인세 및 종합소득세 신고 및 납부 방법
- 법인세와 소득세의 차이점 논의
- 소득세의 납세의무자 구분

- 종합과세의 6가지 소득의 범위 구분(이자, 배당, 사업, 근로, 연금, 기타소득)
- 팀별 탐구 내용 발표

■ 6차시(상업경제) : 창업 물품 선정, 물품 디자인과 제조법 연구
- 창업을 진행하기 위해 필요한 물품을 분석한다.
- 물품의 디자인과 제조법에 대해 토론한다.
- 디자인과 제조법에 대해 발표한다.

■ 7차시(사무관리) : 함수를 이용한 견적서 작성
- 선정한 물품을 구매하기 위해 인터넷에서 검색하여 구체적인 목록을
  탐색한다.
- 선정한 목록을 종합하여 구매목록을 만든다.
- 견적서를 엑셀을 활용하여 작성한다. (함수 이용)

■ 8차시(사무관리, 세무일반) : 물품 단가 책정, 예상 수익 계산
- 엑셀 수식을 통해 예상 물품 개수와 단가를 입력하고 수식을 이용하
  여 수익을 계산한다.
- 엑셀 목표값 찾기 기능과 시나리오 기능을 이용하여 판매 결과를 예
  측해 보고 단가를 조정한다.
- 근로소득 계산, 근로소득 과세 방법, 사업소득 계산 방법, 사업소득 과
  세 방법 등을 학습한다.
- 노란 우산 공제와 특별 소득 공제 방법을 학습한다.

■ 9차시(세무일반, 실용국어) : 마케팅과 광고, 홍보지 제작

- 마케팅과 광고에 대한 정보 정리

- 팀별 창업 아이템에 맞춘 광고 전략 기획

- 온·오프라인 광고 전략 구분, 비대면 전제

- 광고지 제작

- 필수적으로 들어길 내용 정리, 광고 유의점 반영

- 팀별 광고지 전시, 발표

- 고객의 인적 사항을 통한 소비자 특성 파악

- 매장 위치에 따른 소비자 행동 분석

- 4차 산업혁명 시대의 매출 증대를 위한 마케팅 방법 논의 및 발표

■ 10차시(전교과) : 물품 제조 및 판매

- 효율적인 물품 제작을 위해 모둠원의 역할을 분담한다.

- 구매 물품을 종류별로 분류하여, 판매할 상품을 제작한다.

■ 11차시(사무관리) : 실제 손익 계산, 수익금 기부

- 실제 손익 계산을 한다.

- 수익금 운영 결과 보고서를 작성한다.

- 수익금 기부처를 파악한다.

■ 12차시(전교과) : 프로젝트 평가 및 환류

- 창업 프로젝트 진행 중 겪었던 문제해결 과정 공유

- 모둠별 자기평가 결과 보고(잘된 점, 개선할 점)

- 개별 소감문 작성

창업 계획서 예시

팀명	고양이 마스크
구성원	엄○○, 한○○
주제	마스크와 관련된 물품을 추가하여 세트 만들기
세부 계획	**창업 아이디어** 코로나 19로 인해 마스크가 일반화되며 남들과 같은 일반 마스크보다 개인의 개성이 들어간 마스크를 쓰고 싶은 소비자들을 위해 여러 색이 있는 방수 마스크와 추가 마스크 관련 물품을 세트로 판매 **구성품** - 1번 마스크 세트 : 마스크 케이스 + 기본 마스크(5가지 색상) - 2번 마스크 세트 : 마스크 스크랩(다양한 색상) + 마스크 케이스 (4 종류) + 기본 마스크(5가지 색상) **창업 세부 내용** - 장점 : 마스크를 안전하게 보관할 수 있으며, 자신이 좋아하는 마스크 색을 선택하여 구매 가능 - 단점 : 구매자의 선호도가 비슷할 경우 특정 마스크만 팔릴 수 있음 - 흥미로운 점(특징) - 1번 마스크 세트 케이스에 마스크를 보관하면 향기를 머금은 마스크를 착용할 수 있음 - 급식 시간에 마스크 보관 용이 **홍보 계획** - 학교 홈페이지 - 다른 학생들과의 의사소통 통한 홍보 **역할 분담**

팀원	업무	비고
엄○○	· 자료 조사 · 견적서 만들기	
한○○	· 홍보 및 물품 구성	

팀별 원가 계산표

방향제팀	가격	배송비
장식(밀짚모자)	2000	
장식(콜라)	500	
장식(프라프치노)	900	
장식(선글라스)	1000	
장식(체인목걸이)	4500	
장식(군고구마봉투)	500	
장식(군고구마)	1250	
장식(붕어빵봉투)	500	
장식(붕어빵)	1000	
아크릴물감(Black)	1800	
아크릴물감(Cool Blue)	1800	
아크릴물감(Silver Morning)	1800	
아크릴물감(Cherry Blossom Pink)	1800	
석고 방향제 DIY 만들기 세트	124260	
합계	143610	

티백팀	가격	배송비
라면티백	41,340	2,500
커피(바닐라향)	14,500	2,500
커피(로브스타)	7,900	
건조과일(5가지)	23,000	
건조과일(오렌지)	6,600	
건조과일(레몬)	5,600	
공티백 차거름망	9,000	3,000
합계	107,940	8,000
총 합계	115,940	

마스크팀	가격	배송비
마스크(화이트)	1,800	
마스크(블랙)	2,300	
마스크(보라)	3,750	3,000
마스크(연핑크)	2,500	
마스크(노랑)	3,750	
마스크끈(스카이)	3,780	
마스크끈(옐로우)	3,780	
마스크끈(블랙)	3,780	
마스크끈(핑크)	3,780	
마스크끈(그레이)	1,890	
마스크끈(블루)	6,280	
파우치케이스(천사곰)	2,340	
파우치케이스(해피곰)	2,340	2,500
파우치케이스(소다곰)	2,340	
파우치케이스(튤립곰)	2,340	
화이트접이식케이스	5,000	
항균마스크케이스	33,000	
합계	84,750	5,500
총합	90,250	

비즈팀	가격	배송비
공예가위	6000	2500
지퍼백	5000	2500
우레탄줄	5000	3000
비즈(투명)	2700	
비즈 7*5m(크리스탈 AB)	1900	
비즈 8m(크리스탈 AB)	2000	
파스텔 비즈세트	69500	
정리대	4000	
비즈 사각통	24000	2500
합계	120100	10500
총합	130600	

광고 전단 제작

활동 모습

완성품

제품 판매 현장

유니세프 후원 영수증 및 감사장

참고 문헌

단행본

강성태, 『66일 공부법』 다산에듀, 2016.

군터 카르스텐, 『기억력, 공부의 기술을 완성하다』 갈매나무, 2013.

김경일, 『십대를 위한 공부사전』 다림, 2018.

김미현, 『14세까지 공부하는 뇌를 만들어라』 메디치미디어, 2017.

김응준, 『산만한 사람을 위한 공부법』 김영사, 2019.

나승환, 『나쌤의 재미와 의미가 있는 수업』 맘에드림, 2018.

데이비드 디살보, 『나는 결심하지만 뇌는 비웃는다』 모멘텀, 2012.

리사 손, 『메타인지 학습법』 21세기북스, 2019.

박순덕, 『수업을 Q&E 하다』 교육과학사, 2018.

배영준, 『자신만만 학생부 세특 족보 세트』 예한, 2019.

배영준, 『중3부터 준비하는 2022 대입 학생부 족보』 예한, 2021.

브래들리 부시 외, 『학습과학 77』 교육을 바꾸는 사람들, 2020.

송숙희, 『150년 하버드 글쓰기 비법』 유노북스, 2020.

양동일, 『말하는 독서 하브루타』 생각나무, 2020.

엄기호, 『공부 공부』 따비, 2017.

우치갑 외, 『과정중심평가를 위한 프로젝트 수업』 디자인봄, 2020.

윤태황, 『잠들어 있는 공부 능력을 깨워라』 북랩, 2016.

윤택남, 『학습자 메타인지 수준에 따른 교수-학습 모형』 춘천교대, 2018.

이성대 외, 『프로젝트 수업, 교육과정을 만나다』 행복한 미래, 2015.

이성일, 『애들아, 하브루타로 수업하자!』 맘에드림, 2017.

이성일, 『하브루타로 교과수업을 디자인하다』 맘에드림, 2018.

이성일, 『하브루타 4단계 공부법』 경향비피, 2020.

이윤규, 『나는 무조건 합격하는 공부만 한다』 비즈니스북스, 2019.

이인희, 『교실 놀이, 수업에 행복을 더하다』 아이스크림, 2015.

이지성 외, 『객관적이고 과학적인 공부법』 차이정원, 2021.

이현정 외, 『프로젝트 수업, 배움을 디자인하다』 행복한 미래, 2017.

정승재, 『정승제 선생님이야!』 이지퍼블리싱, 2019.

조벽, 『명강의 노하우 & 노와이』 해냄, 2010.

조용환, 『교육다운 교육』 바른북스, 2021.

캐롤 드웩, 『마인드셋』 스몰빅라이프, 2017.

한국 철학적 탐구공동체 연구회, 『생각하는 교실 철학하는 아이들』 맘에드림, 2019.

허승환, 『두근두근 수업 놀이』 시공미디어, 2009.

허승환, 『허쌤의 수업놀이』 꿀잼교육연구소, 2017.

헨리 뢰디거 외, 『어떻게 공부할 것인가』 와이즈베리, 2014.

논문

이은정, 「백워드 설계 및 교수적합화 기반의 지적장애학생 생활 연계 과학수업 적용 연구」, 2020.

방송

EBS, 교육대기획 「학교란 무엇인가」 8부, '상위 0.1%의 비밀', 2010.

EBS, 교육대기획 「다시, 학교」 3부, '시험을 시험하다', 2020.

KBS, 「시사기획 창」 '전교 1등은 알고 있는 공부에 대한 공부', 2014.

tvN, 「어쩌다 어른」 '김경일 편', 2018.

온라인 연수

중앙교육연수원, 「생각을 키우는 수업, 철학적 탐구공동체」

중앙교육연수원, 「융합형 프로젝트 학습의 설계와 운영」